MIRADA A TIRIS

Memoria
Saharaui

Bunana Uld Abdelhay Uld Ahmed Uld Buseif

بونن ولد عبد الحي ولد احمد ولد بوسيف

MIRADA
A
TIRIS

عين علي تريس

الشعر الصحراوي المعاصر

Edición crítica de
Mohamed Salem Abdelfatah
Bahia Mahmud Awah
Juan Carlos Gimeno Martín
Mohamed Alí Leman

Primera edición, abril de 2026

© Bunana Uld Abdelhay Uld Ahmed Uld Buseif, 2026

© Fotografía de portada: Bahia MH Awah, 2011, Wilaya Dajla

© Última línea, S.L., 2026
Juan Cortés Cortés, 3
29010 Málaga
www.ultimalinea.es
editorial@ultimalinea.es

 www.facebook.com/EditorialUltimaLinea

@EdUltimaLinea

Este libro es producto de un proyecto de investigación I+D con el título: CONSOLIDACIÓN Y DECLIVE DEL ORDEN COLONIAL ESPAÑOL EN EL SAHARA (IFNI-TARFAYA-SAHARA: 1959- 1976), HAR 2012-36414

ISBN: 978-84-16159-34-5
Depósito Legal: MA 237-2026
THEMA: 1HBW, JHMC

Impreso en España – Unión Europea

La edición de este libro es el producto de un trabajo de colaboración desarrollado mediante una ecología de saberes entre las siguientes instituciones del mundo académico y de las organizaciones solidarias y activistas:

ASOCiACióN
AMiSTAD SAHARAUi
Alcobendas - S.S. de los Reyes

Departamento de
ANTROPOLOGÍA
SOCIAL

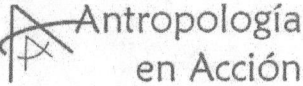

Antropología
en Acción

جامعة اتفاريتي
(ج.ع.ص.د.)
UNIVERSIDAD DE TIFARITI RASD

ÍNDICE

INTRODUCCION

Nota del antólogo Mohamed Ali Laman

Henos aquí ofreciendo al investigador, al escritor y al estudiante esta antología resultada de mucho trabajo brotes literarios en la vida del poeta Bunana Uld Ahmed Uld Abdelhay Uld Buseif. Con este trabajo hemos navegado en la imaginación para conocer la obra oral de un excelso poeta que había consagrado toda su vida al bien de su sociedad.

La tan arraigada poesía hasania entre la sociedad saharaui, permite establecer profundos lazos en una cultura que se basa en la oralidad y tiene un importante papel que no se debe ignorar, porque es el registro que mantiene vivo los cimientos de la sociedad. También porque esta cultura oral emana del acervo cultural del saharaui que siempre vela por el porvenir. Y con esto tal vez el poeta Bunana Uld Buseif, ha sabido hacer llegar con un fiel verso esta poesía a las nuevas generaciones para que a través de esta puedan conocer el acervo cultural de su sociedad, sus peculiaridades y la esencia de su historia.

A través del Ministerio de Cultura de la República Saharaui, en colaboración con el Departamento de Antropología Social de la Universidad Autónoma de Madrid se ha podido recopilar y registrar el corpus de esta antología poética junto a otras de otros poetas saharauis. Sin lugar a duda que el lector tendrá la ocasión de poder conocer los siguientes aspectos relacionados con la poesía saharaui:

— El rol de la poesía saharaui en hasania en la vida política, social y cultural de la sociedad saharaui.

— Conocer la literatura saharaui escrita en hasania, y el papel con el que ha contribuido el verso saharaui en el proceso de liberación nacional saharaui.

— La presentación de un material bien estudiado para que el académico y el investigador pueden acceder y conocer el progreso que ha conocido la poesía saharaui.

En el marco de este proyecto para la edición de esta antología se ha diseñado el corpus del libro en varios capítulos, según los objetivos de la poesía saharaui escrita en hasania, y que trata la interpretación, el análisis y la importancia de la materia que es tratada en cada capítulo.

Para la finalización del trabajo en este libro se han presentado varias dificultades y circunstancias en la investigación, recopilación y exposición de la materia. Hemos presentado este trabajo como nueva experiencia y estamos dispuestos a la observación y rectificación del académico, el investigador y el estudiante.

RESEÑA BIOGRÁFICA DEL POETA

El poeta Bunana Uld Abdelhay Uld Ahmed Uld Buseif, nace en el año 1958, correspondiendo el año que los saharauis llaman, Am Elhuyum o Maaracat Leglat, «El año de la ofensiva o el año de la batalla Leglat» librada entre la Resistencia Anticolonial Saharaui y la alianza franco-española.

El autor de esta obra poética su nombre es Buanana Uld Abdelhay Uld Ahmed Uld Buseif. Nace en 1958 en Auserd. Aquel año en el calendario oral saharaui se llamaba «Am El Huyum» (Año de la Ofensiva). Bunana nace el 21 de mayo de 1958 en Auserd región de Tiris, sur del Sahara Occidental. Este año en el que nació el poeta en cada región se llamaba de alguna manera, sin embargo, esa fecha se llamó «Am El huyum o Maaracat Leglat, es decir El año de la Ofensiva o el año de la batalla de Leglat».

Dice el poeta Bunana: «*Tuve la desgracia de nacer aquel año. Cuando tuve uso de razón decían que ese año correspondía al 1958. Nací en Auserd, de donde era mi familia, éramos nómadas y teníamos ganado con el que nos desplazábamos en busca del pasto a lo largo y ancho del territorio*». Creció Bunana en Auserd siendo esta una pequeña localidad con un cuartel y una población de jaimas que rodeaban las primeras edificaciones de cuarteles y fuertes militares que la metrópoli había construido en sus primeros asentamientos de Auserd.

El año Am El Huyum como gesta anticolonial en el que había nacido el poeta Bunana, fue cantado por grandes poetas de ese periodo, entre los que se destaca Alamin Uld Habib recordando la batalla de Leglat con estos versos.

Sosegado pernocto
en los montes de Leglat,
y en su distinguido río.
Alabado sea Dios,
los enemigos
se marcharon
sin tomar su agua.

También esta histórica batalla de 1958 la registró en su verso el poeta y guerrero anticolonial saharaui Sayid Uld Buseif.

[...] y después el enemigo en su paso
por Uad Ishiyaf
fue descubierto y vencido
hasta que a Uad Ishiyaf
vencido dio con su espalda.

Bunana creció junto a su familia que se dedicaba al nomadeo. De su padre recibió sus primeras clases en la enseñanza del Corán. Al cumplir los catorce años en los años setenta del siglo pasado 1973, 1974 el territorio estaba inmerso en muchos acontecimientos políticos que transcurrían en el Sahara Occidental, pero debido a su corta edad no estaba muy al tanto de aquellos convulsos años de revueltas contra la colonización del Sahara Occidental. A parte de su temprana edad por entonces Bunana le llegaban poemas de los primeros poetas revolucionarios de ese periodo, versos que entendía su mensaje, los memorizaba y los recitaba a sus compañeros.

En 1975 el poeta empezó a experimentar el sentir anticolonial que se reflejaba en la conciencia de la población y el auge revolucionario que iba adquiriendo el proceso de descolonización en el Sahara Occidental. En ese año 1975 se afilió en las organizaciones políticas clandestinas del Frente Polisario y en particular sus células que trabajaban en Nuadibu, Mauritania, ciudad fronteriza con la localidad saharaui de Cabo Blanco, La Güera. Tras su clandestina militancia en año 1978 decide incorporarse a las filas del Frente Polisario. Fue de aquellas primeras unidades de jóvenes saharauis que se unieron a las filas del Ejército de Liberación Popular Saharaui. Participó en varias batallas entre ellas: las batallas de Zak, las batallas de Abitih, dentro del territorio marroquí. Posteriormente combatió contra el ejército marroquí en las batallas de Lemseyid, Asa, la primera y segunda batalla de Guelta Zemur, Ras Eljanfra, Freirina, Um Greid, Ehreishit Redi, Ain Lehshish y en la batalla de Amgala de 1984 donde el poeta fue herido por una ametrállela que le a travesó las mandíbulas. Tras esta batalla fue evacuado a hospitales en Argelia y posteriormente a Italia y Polonia para realizar varias operaciones.

Al terminar su tratamiento en 1985 ingresó en la Escuela Victimas de la Guerra, para iniciar sus estudios de formación.

Desempeñó varios cargos en la organización política de los campamentos saharauis, en 1989 comisario político de la juventud en la wilaya de Dajla, 1994 fue asignado como director regional de la Cultura en la wilaya de Dajla hasta 1998. El poeta Bunana en el año 2000 se le asigna director regional de empleo público en la wilaya de Dajla, cargo en que trabajo hasta el 2012. En su cargo de responsable de cultura en la wilaya de Dajla realizó varios foros culturales y de literatura celebrados en la wilaya entre los años noventa y dos mil.

Bunana Uld Ahmed Uld Abdelhay, forma parte del grupo de los poetas nacionales saharauis que gozan de un alto reconocimiento social. En 2013 el poeta publicó su primero poemario imprimido por la editorial ENAG, Réghaïa, Argelia.

Un volumen de 66 páginas donde el poeta presenta una selecta gama de su poesía comprometida y de otros temas liricos y de evocación a la tierra, se titula, «Mirada a Tiris» la región donde había nacido, crecido, tomó conciencia política y empezó escribir sus primeros versos.

Este poeta tiene su filosofía sobre el verso escrito en hasania, de la que se puede señalar según cómo él interpreta la poesía en los siguientes pensamientos:

La selección del contenido del verso donde el poeta debe tener toda la libertad para escoger la temática de inspiración y de circunstancias. El poeta debe buscar los recursos retóricos del poema, que se enmarcan en el adecuado contexto con libertad y excelencia en el corpus temático. La metodología literaria, donde el poeta escoge el procedimiento de la comparación al tratar un contexto ya sea de manera directa o indirecta.

Y como última observación de metodología que el poeta aconseja usar es la composición estructural del poema, reglas que este debe acatar estrictamente sin desconfigurar sus clausulas literarias.

Cada cual y su género poético, sus sílabas, sus versos y hemistiquios; cada cual y su manera de expresar, cada uno con sus aciertos y desaciertos. Hay poetas que recitan sin tener nada escrito, van improvisando y lo hacen sin cometer errores, y sin salir del metro en el que construyen sus poemas. Estoy hablando de los buenos poetas. Por ejemplo, Uld Lebid, era un poeta que no escribía, ni leía nada. Sin embargo cogía una hoja en blanco, la colocaba frente a sus ojos y empezaba a recitar el poema, la hoja está en blanco sin nada escrito, pero él va creando poesía. Así era y no era nada fácil. La poesía es algo grandioso, tiene todos los métodos para entrenar la memoria. La memoria necesita entrenamiento y si lo haces ella te acompaña durante toda la vida.

Yo tampoco tengo problema, yo me pongo delante del público y recito mis poemas, ya sean seis, cinco o siete, lo importante es el dominio que tengo de cada uno, sin mirar una hoja, sin mirar nada.

Cuando decidí por primera vez hacer público esta afición, esta vocación, que yo mantenía guardada, no le di importancia durante los primeros años y sólo a partir del cese el fuego de 1991. Cuando grandes poetas habían desaparecido como es el caso de Mohamed Salec Uld Buzeid, que era poeta de la Wilaya de Dajla y Uld Laabid. Tras la muerte de estos poetas que eran de mi wilaya, y yo, entonces, era Director Regional de Cultura. Estaba muy entregado y comprometido con este ámbito cultural a nivel nacional, lo que me hizo resucitar mi vocación, la desempolvé y entré en el mundo poético nacional. Empecé con esta poesía política y militante que era necesaria y me ha sido impuesta por mi conciencia como al pueblo saharaui le ha sido impuesta esta situación. Fue una necesidad y hasta hoy sigo ese camino como integrante de los poetas nacionales.

Sobre sus primeros intentos en la creación literaria en aquellos últimos años del periodo colonia y principios de proceso de liberación nacional saharaui, lo recuerda con estas líneas.

El primer poema o el primer gaf[1] que compuse, ahora mismo no lo recuerdo. Yo tuve un comienzo muy errado, extraño y mis primeros intentos los he rechazado y ya no he vuelto a recordarlos. Con relación a la poesía nacional empecé de forma sutil, fueron intentos muy políticos, no me refiero a la época de la clandestinidad, de aquello ya no me acuerdo, aunque hay gente que si lo recuerda. A veces la gente me recita algo mío y yo les digo «Eso, yo, nunca lo escribí». Me parece que es más bonito de lo que escribo ahora. Cuando empecé a ser consciente del valor de la poesía, lo primero

---

1   Verso en hasania

fue darme cuenta de que el mundo no ha hecho lo que debía con nosotros, con respecto a nuestro derecho nacional y con relación a la justicia. Lo culpé por ello, sin embargo, no lo comenté, no lo di a conocer hasta mucho más tarde y está reflejado en este poema.

En la guerra dimos pedazos del corazón,
padecimos sufrimientos de una realidad
donde era incómodo descansar
y arduos eran sus días y sus noches.

La dura realidad procedió del vecino,
el más cercano,
sobre nosotros se abalanzó,
desde la tierra disparaban proyectiles los tanques
y desde el cielo
arrojaba las bombas el avión.

Una huella de vergüenza
en un cobarde quedó.

Vergüenza para la historia y para la humanidad
que contempla con ojos abiertos
y aparta la mirada
para no ver a un pueblo esquilmado
por invasores
después de ser empeñado por el colonialismo.

Me gustaría, a modo de resumen,
aclarar que el pueblo se alzó para conquistar la vida
y su rebeldía brotó contra el terror
contra los enemigos de la paz,
la estabilidad y la paz.

El poeta Bunana cuando se le pregunta por la cultura de su sociedad responde rebuscando en su memoria con un poema como este que se titula Lajbar[2].

Lajbar, sólo con tranquilidad

Lajbar, sólo con tranquilidad
y la del pueblo es la mejor
que vivía de sol a sol,
sin una queja, resistiendo con vigor.

La vida que el pueblo conocía
en siglos y tiempos transcurridos,
nunca tuvo agravios y era un orgullo.
El pueblo cumplía sus promesas
era de fiar y con los vecinos ejemplar.

Un pueblo hospitalario y generoso,
al partir, el espacio dejaba sin alterar
para que su imagen no tuviera manchas
y que nadie por ello lo pueda señalar.

Conservaba los ritos y la educación,
conservaba civilización, huellas y tradición.
En el Sáhara se criaba el ganado,
tras la lluvia se sembraban los valles
y los pozos se cavaban en el Sáhara.

Sobre las piedras todo quedó tallado.

---

2   Las noticias que se transmiten de boca en boca entre la gente.

La gente vivía repartida en firgan[3]
en medio de valles de flores y verdor.

camellas preñadas pastando entre pastos de
Elful y Algahuan y unas camellas
lecheras junto a crías recién nacidas
y un joven camello pinto y balador.

A lo lejos el frig[4] de la familia tal
con grandes jaimas y donde alguien dijo
que unos jinetes anoche vieron llegar.
Cuentan que hallaron mucho ganado
avistaron pastores y tiendas por doquier.

Manadas de gacelas entre los pastos
y bandadas de hubaras y vieron a un
cazador que deprisa avanzaba encorvado
con un viejo fusil de repetición.

Se aproximaba, camuflado, acechando
a un gran macho de antílope bajo un Atíl[5].

Lajbar, sólo con tranquilidad
y la del pueblo es la mejor
que vivía de sol a sol,
sin una queja, resistiendo con vigor.

---

3   Conjunto de jaimas de familias acampadas en un lugar verde del desierto.

4   Singular de firgan, un campamento de jaimas.

5   Planta de hojas y ramos con propiedades antisépticos, es muy recurrida en la poesía saharaui por sus propiedades.

El pueblo solía celebrar sus alegrías,
y Jamás ningún esfuerzo escatimó,
con algún tipo de despilfarro y altivez
colmando y superando cada medida
y por lo tanto os va a quedar claro
el camino que el pueblo ha elegido.

En las fiestas sacrificaba su ganado
y las bodas eran festejos de gran belleza,
vistosas jaimas que recreaban la mirada
la voz ronca y profunda del tabal
se escuchaba a la distancia de un día
y una mujer lentamente con ritmo
tocaba Lebleida[6] y otras melodías.

Niños jugando a Debla y Arah[7]
Niñas y niños espabilados, gente
que competía en carreras de camellos
jóvenes que en las tardes iban a cortejar
y que han visto disputarse el manto
y mujeres ancianas junto a otras chicas
en edad idónea para su belleza engordar
jugando con sus marionetas al atardecer.

---

6   Gama de la música saharaui en la que se toca el tambor y el instrumento Tidint para ejecutar un baile tradicional saharaui.

7   Juegos tradicionales saharauis, se realizan saltando alturas de una persona sin tocarla y el otro juego de arah se realiza con un jugador situado en un círculo del que no debe salir y defenderse de los que los otros jugadores que intentan golpearle fuera del círculo.

Lajbar, sólo con tranquilidad
y la del pueblo es la mejor
que vivía de sol a sol,
sin una queja, resistiendo con vigor.

Se solía ver a mujeres de un frig
juntas sobre una Tuiza[8] trabajar
y si a ellas te acercabas el premio
del ovillo arrojadizo tienes que procurar.

No son cuentos ni leyendas,
ni un negocio de comisionista,
son tradiciones y tienen su valor.

Lajbar, sólo con tranquilidad
y la del pueblo es la mejor
que vivía de sol a sol,
sin una queja, resistiendo con vigor.

Antes de la llamada a la oración
al final de la noche se oía a los niños
recitar una sura de un extenso capítulo
y a la luz de una hoguera leer el Corán
cuando el frío arreciaba, imposible de tolerar.

Tiempos de escasa vestimenta y poca estabilidad.
Pero había una juventud de casta que
tenía educación, era ferviente y servicial.

---

8   Campaña conjunta que hacen las mujeres o los hombres para llevar una labor colectiva.

22

Lajbar, sólo con tranquilidad
y la del pueblo es la mejor
que vivía de sol a sol,
sin una queja, resistiendo con vigor.

Hoy debemos conservar las glorias
heredadas de la lucha y el esfuerzo
que los abuelos dejaron a los hijos
quien las abandona es un traidor
y hoy que nosotros residimos en este hogar
sobre nuestros hombros recae toda la responsabilidad.

Lajbar, sólo con tranquilidad
y la del pueblo es la mejor
que vivía de sol a sol,
sin una queja, resistiendo con vigor.

Sobre este poema en el que el poeta Bunana pinta en su imaginación una acuarela sobre la cultura saharaui lo argumenta en estas líneas.

Esto es una introducción cultural, metodológica, hecha poesía que contiene puntos importantes, datos que yo escogí para usarlos como un preámbulo poético para abordar toda nuestra cultura. Describe nuestra sociedad y su cultura. Esto es lo que mi memoria me trajo y que hizo que pensara en esto en lo que estamos... este sueño hecho realidad, esta es su verdad, yo no aporto nada a la sociedad, ni adiciono nada a la personalidad poética, esta es la sociedad saharaui y estas son sus tradiciones [...] y aquí me remito a unos versos del erudito Chej Mohamed Elmami cuando decía.

El saber es un mar donde bucean los expertos,
en él se encuentran diamantes y perlas
y sus cocodrilos son peligrosos
y no solo hay un delfín en cada una de sus olas [...]

El poeta hace su especial homenaje a su tierra natal Tiris, a parte del compromiso social que sigue consagrando a su pensamiento político y social con el proceso que libra su pueblo desde hace más de cuarenta años.

No hay dudas de que Tiris es bella,
de que Tiris es bella no hay dudas.
Ella en las virtudes es la medina,
Al umra⁹, El Hajj¹⁰ y la Meca.

Estos versos los compuse de esta manera como Chej Mohamed Elmami la tuvo en cuenta en sus versos anteriormente mencionados y en los que mencionaba varios lugares sagrados de la Meca.

No hay dudas de que Tiris es bella,
de que Tiris es bella no hay dudas.
Ella en las honras es la medina,
Al Umrah, El Hajj y la Meca.

Alabado seas Eterna Compasión,
Alabado seas Eterna Compasión,
Cuántas veces tu gloria asombra,

---

9   Periodo corto de peregrinaje a la Meca y no es de los preceptos obligatorios de la religión musulmana.

10   Uno de los pilares preceptos sobre los que se articula los principios de la religión mahometana, es para quien esta en las condiciones económicas y de saludo de poder cumplirlo.

que el ojo ya no pueda contemplar
ningún frig junto a Derraman[11].

¡Cuántos había en Maglub Adín*!
Agradables y hermosos firgan.
Lugares que ningún ojo avista,
ni el más sagaz, un frig, logra apreciar.
¡Alabado seas eterna potestad!
Cómo cambian los tiempos,
era como si en Timizguin* nunca morara
el frig que yo sé que en ella residía.

¡Alabado seas Eterna Compasión!
¡Cuántas veces tu gloria asombra!
Que el ojo ya no pueda contemplar
ningún frig junto a Derraman.

Y me pregunto si Agailás[12]
sigue siendo el pozo al que la gente
solía ir y me pregunto si está bien
Agailás, el que yo conocía.
Antaño fue un rincón al que se iba,
hogar para su gente y era todo belleza
hoy sólo es aridez, pasto del sol,
¡Qué lástima! La morada desgastada,
deshabitado y sus huellas borradas,
y nadie por allá ha vuelto a pasar.
La señal, amigos, de que esta

---

11   Monte en la región sur de Tiris, muy señalado en la poesía saharaui. Morada de la familia del poeta en aquellos años de la metrópoli.
12   Un pozo de agua al sur de la localidad de Auserd, fue un lugar muy conocido entre los nómadas de la región de Tiris.

vida es un espacio de desdén
es que hoy Agailás está seco y sin firgan.

Alabado seas Eterna Compasión,
cuántas veces tu gloria asombra,
que el ojo ya no pueda contemplar
ningún frig junto a Derraman.

Ya no se ve a ningún frig, es imposible,
ni se aprecian las huellas de un frig,
ni del ganado volviendo de pastar al frig,
ni se divisa la luz de ninguna hoguera
de un frig en los confines de Bulariah,
y Bulariah de tanto recuerdo está turbado.

Estéril y a su gente nadie acude a visitar
indicio de que los tiempos han cambiado,
ya no acoge a la familia de los fulanos
y de él se ha borrado el rastro de los zutano.

Alabado seas Eterna Compasión,
cuántas veces tu gloria asombra,
que el ojo ya no pueda contemplar
ningún frig junto a Derraman.

CAPÍTULO I

POESÍA COMPROMETIDA

El monte Bulariah

No hace más que llorar, Bulariah,
y de tanto llorar está, el pobre, desolado.

Su voz se ha vuelto ronca y temblorosa
porque sus lágrimas no podían parar.

El motivo era que su gente ya no está,
sus seres queridos, los que conocía,
se han ido
y sería bueno para no quedarse afónico que
Bulariah, dejara de llorar y así calmar a los
buenos amigos que se tuvieron que marchar.

Sólo es una llamada de atención a Bulariah
porque sus seres queridos ya no volverán
y que guarde sus lágrimas y deje de llorar.

La pulsera del pueblo

Brilla es esta pulsera del pueblo
en la lucha como igual brilla su tobillera,
la tobillera del pueblo
enerdece al tío
enardece al padre;
osada es la tobillera del pueblo.

Este pueblo declama al unísono
nuevos poemas y versos
en ekhal bet emreimida[13]
en ebyad kar y en ekhalu[14]
acierta en su canto por la gloria,
y cierta que a esta le ha cantado
y no le ahorró recitar poemas
y a sangre vida y alma le consagró.

Bien el homenaje que este pueblo
Consagra a su arte,
y por él sosegado se siente
y de corazón y lengua hace su arte,
y se amplía en sus modos y clases
y todo por saludar al pueblo en su persistencia,
desde remotos tiempos un pueblo de glorias
y de empuñadas espadas,
le consagró su juventud y fortuna
y así que le pudieran cantar las generaciones
y en alto erguidas y orgullosas de sus glorias.

---

13   Género literario musical saharaui en el que se cantan gestas y epopeyas del pueblo.

14   Género literario musical donde se cantan temas evocativos y de recuerdos a la tierra. akhal, es el género negro, y akhalu, significa «en su género negro».

Brilla es esta pulsera del pueblo
en la lucha como igual brilla su tobillera,
la tobillera del pueblo
enerdece al tío
enardece al padre;
osada es la tobillera del pueblo.

Por qué es buen madrugador, temprano se levante
De sus noches este pueblo que rememora
Su historia,
Algo bueno que le quedara,
Algo remoto en su acervo y tan arraigado.
Oh aquellos malignos que dudan glorias
Del pueblo venid a verlo y encontrarán
Brotar en gloria las brevas de sus dátiles
Y verán cómo el pueblo y sus conquistas
surge de sus fuentes.

Brilla es esta pulsera del pueblo
en la lucha como igual brilla su tobillera,
la tobillera del pueblo
enardece al tío
enardece al padre;
osada es la tobillera del pueblo.

Bunana, en este poema quiso reflejar la fuerza con la que surgió la revolución saharaui del 20 de mayo. El papel que esta desempaña para librar el pueblo saharaui del yugo colonial, la ocupación extranjera y de sus lacras como el analfabetismo, el atraso y del peligro en la desintegración social que ha padecido durante aquel periodo.

El poeta da inicio al poema con un primer verso lirico, característico modo que usaban los grandes poetas preislámicos para señalar la profundidad del verso saharaui cuando este defiende las conquistas y gestas acaecidas en la historia de la sociedad saharaui.

Poema aniversario 20 de mayo

Sí este es el aniversario del veinte de mayo
solido,
como en la tradición el esparto de elhalfa[15],
y al que el veinte ratifica como se hilan
sogas del esparto elhalfa.

Alabado seas Dios, el brazo del veinte
puño de hierro y brazo de ayuda
para el vecino,
el brazo de apoyo que ya tiene de costumbre
acudir cuando se ahogan las voces
auxilia y salva en los graves momentos,
tolera el inoportuno peso del tiempo
y a él la gente acude,
y su brazo asume toda la dificultad,
y cuando a él se acude es excepcional
y sin locuras.

Sí este es el aniversario del veinte de mayo
solido,

---

15   Una planta que crece en la zona sur del Sahara Occidental y es de las plantas de espartos finos, de ella se construyen cuerdas y las esteras de la jaima.

como en la tradición el esparto de elhalfa
y lo que diga la revolución veinte de mayo
será tan sólido y firme como se hilan
las cuerdas de elhalfa.

El brazo del veinte de mayo
resuena de prestigio y orgullo para la gente
una fortuna.
Creció en su orgullo lejos de ser amordazado,
limpio del mal, aunque en secreto lo intenten.

El porqué en alto se hace el aniversario 20 de mayo

El porqué en alto llegue
el veinte aniversario de mayo,
porque de principio
nació admirado,
intachable de nombre,
férreo de brazos y de profunda mirada.

Al enemigo hace tiempo que le iba
afligiendo derrotas herido
en su revés,
y hoy veteranos en la guerra
en dificultades le arruinan.

Solo me cabe el elogio al pueblo
en su veinte aniversario,
librando su lucha,
aún no se ha quejado
y aún sigue convencido.

Este pueblo que resiste al oeste

Este pueblo combatiente que está al este,
a sus enemigos
inevitablemente vencerá,
porque en su nuez está atorado,
y en su garganta y su boca está estancado.

Este pueblo combatiente que está al oeste,
a sus enemigos
inevitablemente, vencerá
porque en su nuez está atorado,
y en su garganta y su boca está estancado.

Y quisiera decirle a la ocupación mientras
esté presente y en su invasión persiste,
que sus días son pocos y están contados
que se desmorona y su afán está caduco.

No le está perdonado lo dicho y lo hecho
sus palabras, sus actos y sus condenas,
y en esta tierra precisamente pocas son
las palabras que voy a pronunciar.

Solo quería demostrar con una realidad
que aún le espera un largo día de fuego,
pero no hay deuda que tenga hombres detrás
de un pueblo de causa justa y perseverante,
sacrifica su vida y
sacrifica su riqueza
y con la ayuda del Todopoderoso cuenta.

Este pueblo combatiente que está al oeste,
a sus enemigos,
inevitablemente vencerá
porque en su nuez está atorado,
y en su garganta y su boca está estancado.

Y si el mundo de hoy tiene justicia
y por los derechos
el mundo se preocupa,
y si en la cara aún le queda vergüenza
que el mundo abra los ojos y observa.

Este pueblo colonizado es musulmán,
musulmán, pacífico y es colonizado.

Este pueblo militante que está al oeste,
a sus enemigos
inevitablemente vencerá
porque en su nuez está atorado,
y en su garganta y su boca está estancado.

En mis primeras palabras quisiera decir
lo que creo
que al pronunciar es aceptado
y con ello no quiero mandar
un mensaje,
esto yo lo grito contento como disgustado.

Decir la verdad de manera clara
y sincera,
y manifestarlo de esta manera
¿acaso molesta?

Para lo que compongo a lo largo y ancho
y al que agradezco con sacrificios y ofrendas
y por él retumbo tambores de gratitud
y por él inamistosos semblantes consigo
y creo versos en la aridez y la humedad
y canto con amargo y dulce sabor
y por él expongo el sujeto
y el implícito
y cuento sobre el pueblo información.

Este pueblo combatiente que está al oeste,
a sus enemigos
inevitablemente vencerá,
porque en su nuez está atorado,
y en su garganta y su boca está estancado.

En cardar mis versos me distraje,
fabriqué las hebras y las entrelacé
y lo dispuse todo para hilar
después de ajustar y estirar ovillos.

Y antes de cardar limpié mis versos
y evoqué pequeñas
y grandes cosas.

En busca de la poesía con la métrica,
con nihya[16] y la melodía comencé

---

16   Estribillos

34

desde Seni Car[17] hasta Lebteit[18]
y desde Lebteit hasta Seni Car.

En la medida pienso en cada momento
y en las noches y madrugadas la busco
construyo y hago las costuras como quiero.

Y junto hemistiquios con hemistiquios
con acentos,
terminaciones y rimas,
y con ellos quiero agradecer a este pueblo
que tengo en mente corresponder.

Si del caudal de agradecimientos
dispusiera hasta para exportar,
no tendría suficiente para lo que el pueblo merece,
sólo conseguiría dejar al descubierto
las fauces del león que invisible estaba.

En las ciudades ocupadas vi que las acciones
del pueblo eran más grandes que cualquier halago
y más grandes que todo lo que yo puedo dar
y que todo lo que otra persona puede procurar.

Las obras del pueblo, supongo, hacen todo estéril
y a la poesía por tierra y por mar han superado,
después de todo esto nada puedo yo expresar,
sólo me queda con la voz más alta repetir...

---

17   Género musical saharaui en cantos de gestas y epopeyas.
18   Género musical clímax de todos los otros géneros con el que concluye el músico su repertorio. Es dulce, nostálgico y suave.

Este pueblo militante que está al oeste,
a sus enemigos
inevitablemente
vencerá,
porque en su nuez está atorado,
y en su garganta y su boca está estancado.

La firmeza de frente o de espaldas,
cualesquiera que sean sus sentidos,
con sus hebras, ovillos y telares,
se mide con la valentía y la voluntad
de los de aquí y a los del otro lado mucho más.

Aquí está la voz de la razón que se apiada,
la naturaleza de la razón en la piedad crece
y la voz de la razón a sus dueños ampara,
quien espera la sombra de la gloria le llega.

Cuando las palabras consiguen su objetivo,
no estaría mal que uno simplifique,
yo, señores juro por Dios, que quiero alabar
a este pueblo que nada se le puede reprochar,
que el tedio se apodera de sus enemigos
y una sonrisa suya hace victoriosa a multitudes.

Este pueblo militante que está al oeste,
a sus enemigos
inevitablemente vencerá,
porque en su nuez está atorado,
y en su garganta y su boca está estancado.

Finalizando en mis versos, quiero decir algo

digno de cantar,
que no me hace un simple emisario,
sino decirlo en alto firme y sonriente
midiendo su alcance a lo largo y a lo ancho.

Le agasajo con mis alabanzas y le canto al son
del retumbar de mis tambores
y le rechazo la cara de la guerra
y en mis versos
dulce y amargo vuelco toda mi poesía.

Le canto como el sujeto y le canto como el implícito
para adelantarle el canto de su éxito.

Este pueblo combatiente que está al oeste,
a sus enemigos
inevitablemente vencerá,
porque en su nuez está atorado,
y en su garganta y su boca está estancado.

La fe y con la fe la habéis superado

La fe con la fe la habéis superado
y al enemigo la ilusión arrancado.
Estéril hicisteis a la poesía
como estéril cualquier acción.

Sois los pendientes, adornos de la entrega,
las joyas de los hijos de la revolución,
las pulseras del deber, ajorcas de la firmeza,
punto de encuentro de las acciones,
de las cosechas que habéis conseguido.

Esto no me canso de decirlo, está en la poesía
y en las alabanzas está aceptado, yo prefiero
simplificar, en mis loas no me quiero extender,
al comenzar esta Tala[19] un ejemplo mencioné
y en su culminación me gustaría expresar:
pendientes y adornos de la militancia y el combate,
argollas del deber y las trenzas
que anulan la voluntad de la ocupación.
La fe que brota de las mentes de los dueños
de la intifada de la independencia y la libertad,
los héroes que son imprescindibles,
los de buen nombre y que mantienen
su popularidad.

Su renombre lo avala su espera, esfuerzo
y los adornos de la gloria les sientan bien,
adornos que son los adornos de la realidad.

---

19   poema

La fe y con la fe al enemigo la habéis superado
Y arrancado la ilusión,
estéril hicisteis a la poesía
como estéril cualquier eventualidad.

Los halagos al pueblo son más de lo que
se puede contar,
sus leyendas son interminables
Y su profundidad es más que su holgura
y es más de pleamar que de bajamar
y mucho más los actos que las palabras
y su convicción más que su cantidad.

Es más eficaz que los armamentos,
en él se junta el esfuerzo y la seriedad
y toma las decisiones cuando es preciso.

Hace reír a los terneros cuando ataca
con las bases de la voluntad y la columna
vertebral de la fe que no tiene parangón.

Las palabras a los hechos confirman
y el ser humano de sus palabras es garante,
ve mejor el ojo que lo que puedan contar
y lo evidente no se necesita detallar.

La fe con la fe la habéis superado
y al enemigo la ilusión arrancado,
estéril hicisteis a la poesía
como estéril cualquier acción.

¿Por qué Marruecos encarcela?

¿Por qué Marruecos encarcela
a los valientes héroes del pueblo?
Quiere mermar su convicción
pero su convicción se agranda más.

La voluntad que él quiere arrancar sólo se acrecienta...
Si el mundo es transparente
y el derecho del pueblo respeta,
en las ciudades ocupadas ve como
sufre de amenazas y de muertes,
y su voz germina bajo los nuevos
y viejos métodos de tortura.

Lo denuncio con la Tal-a y el Gaf
y la realidad por sí sola lo denuncia
y enumero fragmentos de imágenes
del sufrimiento del glorioso pueblo.
¿Cuánto secuestros padece?
¿Y del destierro, cuántos sufren?
¿Cuántas cadenas en las cárceles soportó
y cuántos verdugos de látigos de metal?
Lo que quiero decir, con seguridad
y al enemigo, en especial, que sus actos
son infernales y contarios a los hábitos
y creo que está lejos de respetar los derechos
y del camino de la paz se ha separado
y que se perfila hacia una escalada de terror.

¿Por qué Marruecos encarcela
a los valientes héroes del pueblo?

Quiere mermar su convicción
pero su convicción se agranda más.

Qué pecado puede cometer
si dice que rechaza la ocupación
de este pueblo y que quiere la libertad
sin trabas y sin ninguna condición,
como los pueblos y no es imposible
que un pueblo viva en su tierra soberano.

Si el poder marroquí tuviera algún sentido
y tuviera dos dedos de frente en su visión,
le daría al pueblo una oportunidad
para expresar como quiere su opinión.
Pero cuando prefiere secuestrar
y el crimen cada día se incrementa,
la voz de la razón tiene los cuellos largos
y la victoria está segura, con ayuda del Señor.

¿Por qué Marruecos encarcela
a los valientes héroes del pueblo?
Quiere mermar su convicción
pero su convicción se agranda más.

No existen los derechos humanos,
ni existe la paz y la seguridad,
mientras en Marruecos manda un sultán
que blande la espada del terror
y con la que a sus vecinos amenaza
y amplía el ambiente de hostilidad.

El derecho entre los pliegues oculto
a causa de su tiránica autoridad.
¡Cuántas lenguas con la espada cortó!
¡Cuántas manos amputó con la falsedad!
A su pueblo despreció con la guerra
y a muchos de los pueblos de la vecindad.

¿Por qué Marruecos encarcela
a los valientes héroes del pueblo?
Quiere mermar su convicción
pero su convicción se agranda más.

Lo que está claro y sin polvo que lo cubre
el derecho de los pueblos es más claro que el día,
y con lo que quiero llamar la atención de los
que creen en la razón, estén cerca o lejos estén,
la opción que ya el pueblo ha escogido
y que sigue siendo su única elección,
el problema de la descolonización
no es cuestión de dirimir encuentros.

¿Por qué Marruecos encarcela
a los valientes héroes del pueblo?
Quiere mermar su convicción
Pero su convicción se agranda más.

Sagrados sacrificios dimos en la guerra

En la guerra dimos pedazos del corazón,
padecimos sufrimientos de una realidad
donde era incómodo descansar
y arduos eran sus días y sus noches.

La dura realidad procedió del vecino,
el más cercano, sobre nosotros se abalanzó,
desde la tierra disparaban proyectiles los tanques
y desde el cielo arrojaba las bombas el avión.

Una huella de vergüenza en un cobarde quedó.

Vergüenza para la historia y para la humanidad
que contempla con ojos abiertos y aparta la mirada
para no ver a un pueblo esquilmado por invasores
después de ser empeñado por el colonialismo.

Me gustaría, a modo de resumen, aclarar
que el pueblo se alzó para conquistar la vida
y su rebeldía brotó contra el terror y contra
los enemigos de la seguridad, la estabilidad y la paz.

Por qué Marruecos encarcela

¿Por qué Marruecos encarcela
a los valientes héroes del pueblo?
Quiere mermar su convicción
pero su convicción se agranda más.
La voluntad que él quiere arrancar sólo se acrecienta...
Si el mundo es transparente
y el derecho del pueblo respeta,
en las ciudades ocupadas ve como
sufre de amenazas y de muertes,
y su voz germina bajo los nuevos
y viejos métodos de tortura.

Lo denuncio con la Tal-a y el Gaf
y la realidad por sí sola lo denuncia
y enumero fragmentos de imágenes
del sufrimiento del glorioso pueblo.

¿Cuánto secuestros padece?
¿Y del destierro, cuántos sufren?
¿Cuántas cadenas en las cárceles soportó
y cuántos verdugos de látigos de metal?
Lo que quiero decir, con seguridad
y al enemigo, en especial, que sus actos
son infernales y contarios a los hábitos
y creo que está lejos de respetar los derechos
y del camino de la paz se ha separado
y que se perfila hacia una escalada de terror.

*¿Por qué Marruecos encarcela
a los valientes héroes del pueblo?
Quiere mermar su convicción
pero su convicción se agranda más.*

*Qué pecado puede cometer
si dice que rechaza la ocupación
de este pueblo y que quiere la libertad
sin trabas y sin ninguna condición,
como los pueblos y no es imposible
que un pueblo viva en su tierra soberano.
Si el poder marroquí tuviera algún sentido
y tuviera dos dedos de frente en su visión,
le daría al pueblo una oportunidad
para expresar como quiere su opinión.
Pero cuando prefiere secuestrar
y el crimen cada día se incrementa,
la voz de la razón tiene los cuellos largos
y la victoria está segura, con ayuda del Señor.*

*¿Por qué Marruecos encarcela
a los valientes héroes del pueblo?
Quiere mermar su convicción
pero su convicción se agranda más.*

*No existen los derechos humanos,
ni existe la paz y la seguridad,
mientras en Marruecos manda un sultán
que blande la espada del terror
y con la que a sus vecinos amenaza
y amplía el ambiente de hostilidad.*

El derecho entre los pliegues oculto
a causa de su tiránica autoridad.
¡Cuántas lenguas con la espada cortó!
¡Cuántas manos amputó con la falsedad!
A su pueblo despreció con la guerra
y a muchos de los pueblos de la vecindad.

¿Por qué Marruecos encarcela
a los valientes héroes del pueblo?
Quiere mermar su convicción
pero su convicción se agranda más.

Lo que está claro y sin polvo que lo cubre
el derecho de los pueblos es más claro que el día,
y con lo que quiero llamar la atención de los
que creen en la razón, estén cerca o lejos estén,
la opción que ya el pueblo ha escogido
y que sigue siendo su única elección,
el problema de la descolonización
no es cuestión de dirimir encuentros.

¿Por qué Marruecos encarcela
a los valientes héroes del pueblo?
Quiere mermar su convicción
pero su convicción se agranda más.

Lajbar

Lajbar[20], sólo con tranquilidad
y la del pueblo es la mejor
que vivía de sol a sol,
sin una queja, resistiendo con vigor.

La vida que el pueblo conocía
en siglos y tiempos transcurridos,
nunca tuvo agravios y era un orgullo.

El pueblo cumplía sus promesas
era de fiar y con los vecinos ejemplar.

Un pueblo hospitalario y generoso,
al partir, el espacio dejaba sin alterar
para que su imagen no tuviera manchas
y que nadie por ello lo pueda señalar.

Conservaba los ritos y la educación,
conservaba civilización, huellas y tradición.
En el Sáhara se criaba el ganado,
tras la lluvia se sembraban los valles
y los pozos se cavaban en el Sáhara.

Sobre las piedras todo quedó tallado.
La gente vivía repartida en firgan
en medio de valles de flores y verdor.

---

20   Las noticias.

Camellas preñadas pastando entre
Elful y Algahuan[21] y unas camellas
lecheras junto a crías recién nacidas
y un joven camello pinto y balador.

A lo lejos el frig de la familia tal
con grandes jaimas y donde alguien dijo
que unos jinetes anoche vieron llegar.

Cuentan que hallaron mucho ganado
avistaron pastores y tiendas por doquier.

Manadas de gacelas entre los pastos
y bandadas de hubaras y vieron a un
cazador que deprisa avanzaba encorvado
con un viejo fusil de repetición.

Se aproximaba, camuflado, acechando
a un gran macho de antílope bajo un árbol de Atíl.

Lajbar, sólo con tranquilidad
y la del pueblo es la mejor
que vivía de sol a sol,
sin una queja, resistiendo con vigor.

El pueblo solía celebrar sus alegrías,
y Jamás ningún esfuerzo escatimó,
con algún tipo de despilfarro y altivez
colmando y superando cada medida
y por lo tanto os va a quedar claro
el camino que el pueblo ha elegido.

---

21   Plantas muy codiciadas por los dromedarios.

En las fiestas sacrificaba su ganado
y las bodas eran festejos de gran belleza,
vistosas jaimas que recreaban la mirada
la voz ronca y profunda del tabal
se escuchaba a la distancia de un día
y una mujer lentamente con ritmo
tocaba Lebleida y otras melodías.

Niños jugando a Debla y Arah
Niñas y niños espabilados, gente
que competía en carreras de camellos
jóvenes que en las tardes iban a cortejar
y que han visto disputarse el manto
y mujeres ancianas junto a otras chicas
en edad idónea para su belleza engordar
jugando con sus marionetas al atardecer.

Lajbar, sólo con tranquilidad
y la del pueblo es la mejor
que vivía de sol a sol,
sin una queja, resistiendo con vigor.

Se solía ver a mujeres de un frig
juntas sobre una Tuiza trabajar
y si a ellas te acercabas el premio
del ovillo arrojadizo tienes que procurar.

No son cuentos ni leyendas,
ni un negocio de comisionista,
son tradiciones y tienen su valor.

Lajbar, sólo con tranquilidad
y la del pueblo es la mejor
que vivía de sol a sol,
sin una queja, resistiendo con vigor.

Antes de la llamada a la oración
al final de la noche se oía a los niños
recitar una sura de un extenso capítulo
y a la luz de una hoguera leer el Corán
cuando el frío arreciaba, imposible de tolerar.

Tiempos de escasa vestimenta
y poca estabilidad,
pero había una juventud de casta que
tenía educación, era ferviente y servicial.

Lajbar, sólo con tranquilidad
y la del pueblo es la mejor
que vivía de sol a sol,
sin una queja, resistiendo con vigor.

Hoy debemos conservar las glorias
heredadas de la lucha y el esfuerzo
que los abuelos dejaron a los hijos
quien las abandona es un traidor
y hoy que nosotros residimos en este hogar
sobre nuestros hombros recae toda la responsabilidad.

Lajbar, sólo con tranquilidad
y la del pueblo es la mejor
que vivía de sol a sol,
sin una queja, resistiendo con vigor.

El Aaiun igual que Dajla

Igual El Aaiun que Dajla y Smara
es tu tesoro,
su querer siempre está en lo mas
profundo del oscuro iris de tus ojos.

Oh pueblo que la gloria te identifica
no aceptes hechos que te hacen daño.

Tu perseverancia nace de tu coraje
y la valentía es tu esencia
Smara es tuya
y los Ojos, El Aaiun de allí son de tus ojos,
orienta tu rifle a tus enemigos y no te preocupes
que Dios es tu valedor.

Empuña tu gesto de la victoria
y trenza de victorias tu cabellera.

Oh pueblo que libras tus batallas
en distintos frentes
estás en tu inconmensurable batallar
porque en él ya tienes canas
y tu compromiso en la vejez se acomoda.

Tu compromiso en la juventud y en la vejez
Muestra de tu invencible batallar,
Valiente tu estas en la tierra y osado en el cielo.

La revolución

«A los sesenta y seis presos combatientes
saharauis liberados en 1996»

Y no es por despreciaros compatriotas
recordándoles el porque amamos la gloria,
prestigio por el que murieron los abuelos
y por el que lucha y en batallas cayera el pueblo.

Alabado seas Dios, de su enemigo
regresan enaltecidos y gloriosos
ni aceptan humillarse
solo aceptan los hechos en los que esta
su gloria.

Y si en las cárceles tanto tiempo estuvieron
es porque tienen inquebrantable fe,
el principio de convicción con el que se marcharon
y cayeron
es el mismo principio con el que liberados regresaron
pero no deben olvidar «tu secreto solo es para ti».

Oh, compañeros de lucha,
qué tal estáis tras el letargo de las mazmorras,
las torturas,
la crueldad del verdugo y los métodos
del malvado enemigo
que tenía para recibiros afiladas sus navajas
y preparadas sus mazmorras.

Es inamistoso,
provocador,
y siempre guarda rencor
para diezmar la dignidad humana
de un pueblo digno impoluto
al que vuestro enemigo supo que sois
ejemplos de hombres de compromiso
y leales al compromiso.

En El Aaiun está el pueblo heroico

Amargo el pueblo les hace la vida
a los ocupantes en El Aaiun
y le vuelve reamargar su ocupación
en más de una vez en El Aaiun.

En las llamas para sus enemigos es más doloroso
Que el fuego de las llamas,
Es orgulloso,
Es de prestigio
Y más categórico valedor,
Mas Risueño,
Mas sobrio,
y más galante que una fasha[22],
y más puro que una perla.

---

22   Una piedra preciosa que se talla al tamaño de las cuentas de un rosario y la lleva la mujer colgada en su mechón de pelo que cuelga sobre la frente. Se llama *fesha*, es una ornamentación tradicional de milenario uso en la tradición saharaui.

El pueblo en los valles del El Aaiun
Se manifiesta,
y desde fuera es visto por los ojos, El Aaiun
con sus vientos de jaimas,
sus bocas de jaimas,
sus puertas de entradas,
y con firme columna para consolidar
el tejido de sus jaimas
y fortalecer sus decisiones
y retoque tejidos de su unidad.

Al bravo pueblo desde El Aaiun
nos llegan sus glorias,
hay algo nuevo que ha protagonizado
y que bello es este acontecer del pueblo.

En prestigio se hacen sus actos,
En los ojos, El Aaiun, y en el mundo.
Contigo pueblo estamos en tu lucha
Y contigo pueblo estaremos en lo amargo.

Bien decir antes la verdad

Lo que hay lo hemos dicho
en el comunicado de la fundación
del Frente antes de anunciar el Estado
e ideamos cambiar con la lucha lo irreal impuesto.

Nuestra palabra con arrojo hemos cumplido
y lo dicho nuestros actos lo confirman.

En la guerra la apuesta hemos cobrado
y del enemigo las ganancias hemos segado.

Ahora me gustaría una pregunta formular,
su respuesta necesita mucho atrevimiento.

¿Cuántos años el pueblo resistió?
¿Cuántas tardes y mañanas aguantó?
¿Cuánta sangre apreciada entregó?
¿Cuántas vidas el pueblo sacrificó?
¿Cuántas moradas se quedaron vacías?
¿Cuánta riqueza del pueblo se perdió?
¿Cuántos heridos tuvo que cargar y con
cuántos cuidó la reputación de la gloria?
¿Cuánto frío y calor tuvo que soportar
y cuántos días crudos tuvo que sobrellevar?

Torrentes de sangre emanan
de las heridas profundas del pueblo
entre las muelas del enemigo y los colmillos
propósitos de la política de invasión.

*Y envolver la guerra en los recovecos de
políticas insanas y caminos de espinas,
menos rectos y más torcidos caminos
y digo con mis labios y mi lengua,
lo que creo que es necesario decir
es difícil que la memoria olvide
una realidad llena de alegrías y dolor.*

*Al enemigo quiero confirmar
que el triunfo del pueblo es aliado
y hoy más que antes, mucho más,
tiene mejores armas y excelente cultura
y en su pecho la confianza ha crecido.*

*En su semblante otra belleza late
y la luz de la gloria salió de la oscuridad
en los pagos del pueblo y los prados.*

*La ardua coyuntura se ha aliviado
y el pueblo se hizo experto en rebatir,
a sitios lejanos con la victoria ha llegado
con la mayor política de apertura y con
su sangre ha consolidado una nación
en su resguardo en su sombra descansa
y su rostro como su espalda se han renovado
y con él se hizo largo el cuello de la verdad.*

*Es bueno decir la verdad en su preciso lugar
y de las palabras es buena la explicación
y mientras más clara, más es la distancia
entre la verdad en la poesía y la controversia.*

Quien hoy observa el mundo, la variedad
de injusticias y la hemorragia
a pesar de lo que existe de dolor,
si tiene corazón no tendrá descanso
y a su destino calcula la cantidad
y la diversidad que le asegure la victoria.

Guarda para la paz y para la guerra
más en la pantalla, con tanto dolor
y se mueve entrelineas sin apresurase
y se cuida de la miel que contiene veneno,
porque en política anda oculta la razón.

Es bueno decir la verdad en su preciso lugar
y de las palabras es buena la explicación
y mientras más clara, más es la distancia
entre la verdad en la poesía y la controversia.

No debemos bajar la guardia

Nadie debe aflojar el cinturón,
la lucha es por la liberación
y los hechos son más contundes
que las palabras,
y el ver con ojos
es mejor que palabras oídas.

Hoy a los que ven con sus ojos
y con el corazón hacen su
juicio de conciencia
que viera surgir la realidad
de los hechos
debe reflexionar sobre estos
difíciles tiempos.

Y por si las condiciones se descarrilasen
adelante debe seguir y sin miedo,
solo a estas condiciones
quiero recordar
que el camino está plagado de peligros
y no acepta excusas,
esto exige determinación
prudencia
y exige de pensamiento
logros bien hilados
logros bien regidos y bien secados.

El consolidado pensamiento
bien meditado
y bien usado con esto quiero decir

que no haya renuncia en el deber
y que el beneficio de la libertad
es la voluntad de libre expresión
y el logro solo es de los pueblos.

Sean bienvenidos

Sean bienvenidos
¡Oh torre donde nace la razón!
Orientación de la esperanza, cinturón
de la justicia que no se puede deshacer.

Sean bienvenidos
¡Oh torre de la esperanza!...
Sean bienvenidos
¡Oh origen de la esperanza!...
Promesa de la razón y origen de la esperanza...
Y cinturón de la justicia que no se puede deshacer.

Vuestro prestigio surca todos los cielos...
Sean bienvenidos
vuestro prestigio surca todos
los cielos aumentado la fe y vuestro
cinturón de la justicia no se afloja.

Bienvenidos sean vuestros pasos
y los saharauis donde quiera que estén,
en número y calidad les dan la bienvenida
¡Oh, Argelia! Vuestros principios
siempre habéis cumplido,
compasión y apoyo

al agredido y al débil cuando a vosotros acude.

Bienvenido seas polo de la solidaridad,
sol de la justicia, hoy, en este universo,
no precisáis ayuda, vuestra gloria está en la frente,
un millón y medio, tanta gloria es suficiente.

¡Oh, Argelia! Vuestros principios
siempre habéis cumplido,
compasión y apoyo al agredido
y por la justicia sois conocidos.

Y este pueblo que aspira a la liberación
y la lucha interminable ha escogido
en ustedes sólo encontró bondad
y valora todo lo que le habéis dado
más valioso que el reconocimiento
y con la fragancia de la clausura
sean nuevamente bienvenidos.

¡Oh, Argelia! Vuestros principios
siempre habéis cumplido,
compasión y apoyo al agredido
y por la justicia sois conocidos.

Éramos valientes, aun lo somos

Éramos valientes y aún lo somos
y la prueba de que somos valientes
es que en la guerra lejos hemos llegado
y en ella hicimos lo que hemos querido.

A la paz vamos guiando, mientras
esté entre los términos admisibles,
hemos empeñado nuestro esfuerzo
y un hogar para la paz hemos creado,
y el tiempo adecuado para
que cunda entre los vecinos.

Lo que hacemos por la paz es testigo
y al mundo dimos una demostración
de que aspiramos a que prevalezca la paz
y que en la felicidad vivan los hombres.

Que haya libertad y bienestar,
que sea respetado y su sangre preservada.
Pero si la puerta de la paz está cerrada
y si sólo son palabras para pasar el tiempo
y con ello los enemigos juegan en zigzag,
nosotros tenemos más espinas que un erizo
y en la guerra nos sabemos comportar.

Éramos valientes y aún lo somos
y la prueba de que somos valientes
es que en la guerra lejos hemos llegado
y en ella hicimos lo que hemos querido.

61

Los asuntos se resuelven a manos
de un ejército poderoso, bravo león,
de pleamar mucho más que bajamar,
su arrojo es de acero, y no se amilana en la lid.
Garante de devolver al pueblo su libertad
y echar a los enemigos, desde luego, es su misión.

El ejército en el campo de batalla es capaz de
desacreditar al sultán y hacerle morder el polvo
de la derrota atacándole desde cualquier lugar.

Éramos valientes y aún lo somos
y la prueba de que somos valientes
es que en la guerra lejos hemos llegado
y en ella hicimos lo que hemos querido.

Lo que hay ya lo hemos dicho

Lo que hay lo hemos dicho
en el comunicado de la fundación
del Frente antes de anunciar el Estado
e ideamos cambiar con la lucha la realidad.

Nuestra palabra con arrojo hemos cumplido
y lo dicho nuestros actos lo confirman.

En la guerra la apuesta hemos cobrado
y del enemigo las ganancias hemos segado.

Ahora me gustaría una pregunta formular,
su respuesta necesita mucho atrevimiento.
¿Cuántos años el pueblo resistió?
¿Cuántas tardes y mañanas aguantó?
¿Cuánta sangre preciada entregó?
¿Cuántas vidas el pueblo sacrificó?
¿Cuántas moradas se quedaron vacías?
¿Cuánta riqueza del pueblo se perdió?
¿Cuántos heridos tuvo que cargar y con
cuántos cuidó la reputación de la gloria?
¿Cuánto frío y calor tuvo que soportar
y cuántos días crudos tuvo que sobrellevar?

Torrentes de sangre emanan
de las heridas profundas del pueblo
entre las muelas del enemigo y los colmillos
de los propósitos de la política de invasión.

Y envolver la guerra en los recovecos de

políticas insanas y caminos de espinas,
menos rectos y más torcidos caminos
y digo con mis labios y mi lengua,
lo que creo que es necesario decir
es difícil que la memoria olvide
una realidad llena de alegrías y dolor.

Al enemigo quiero confirmar
que el triunfo del pueblo es aliado
y hoy más que antes, mucho más,
tiene mejores armas y excelente cultura
y en su pecho la confianza ha crecido.
En su semblante otra belleza late
y la luz de la gloria salió de la oscuridad
en los pagos del pueblo y los prados.

La ardua coyuntura se ha aliviado
y el pueblo se hizo experto en rebatir,
a sitios lejanos con la victoria ha llegado
con la mayor política de apertura y con
su sangre ha consolidado una nación
en su resguardo en su sombra descansa
y su rostro como su espalda se han renovado
y con él se hizo largo el cuello de la verdad.

Es bueno decir la verdad en su preciso lugar
y de las palabras es buena la explicación
y mientras más clara, más es la distancia
entre la verdad en la poesía y la diversión.

Quien hoy observa el mundo, la variedad
de injusticias y la hemorragia

a pesar de lo que existe de dolor,
si tiene corazón, no tendrá descanso
y a su destino calcula la cantidad
y la diversidad que le asegure la victoria.

Guarda para la paz y para la guerra
más en la pantalla, con tanto dolor
y se mueve entrelineas sin apresurase
y se cuida de la miel que contiene veneno,
porque en política anda oculta la razón.

Es bueno decir la verdad en su preciso lugar
y de las palabras es buena la explicación
y mientras más clara, más es la distancia
entre la verdad en la poesía y la diversión.

Algo así es el proceso de paz

Algo así se rumorea del proceso de paz,
un plazo de palabras y palabras
que no tiene sentido en tierra de paz.

El proceso de paz lo hemos aceptado
y con transparencia lo hemos tratado,
y lo que nos atañe con claridad y respeto
los hemos dispuesto.

Si el proceso como resultado
consagrara el principio de la paz,
todo el esfuerzo lo hemos aportado
recorriendo caminos de la paz
y por la paz hemos aflojado
en los caminos de la guerra
y hemos soportado un año de mentiras
y después otro año tras año.

Marruecos carece de voluntad para la paz
Y a sus falsas intenciones las hemos rechazado
si a ello algo juega a cambio.

El pueblo resiste

Cuando el pueblo en l sombre permanece
Su victoria se dará en año tras año
En la vitoria cómodo puede aflojar
su cinturón porque se ha levantado
consagrando en estas condiciones el esfuerzo.

Es obligado y decidido en la existencia
Como necesidad,
O en estos tiempos estáis llamados
A sujetar bien en estas circunstancias
el cinturón y no cedéis a nadie el chantaje
que el hombre libre es fiel a su compromiso
aunque arrecian las sequias
y la realidad hace que los días se alargan.

Vuestra firmeza en la resistencia
En los principios y en la unidad
Que sean el camino irreversible en vuestros
días y resistencia.

Seáis testigos fieles en el compromiso y en la convicción
y haced de vuestros hechos actos que sean
más contundentes que las palabras,
el compromiso desde el inicio y el objetivo
es la transparente y total independencia
que prometen la existencia y el desalojo del enemigo.

La bienvenida

Mi cálida bienvenida que escribo en lebteit
os la quiero transmitir queridos huéspedes
y es por eso he venido
a pedirle la disculpa porque no he podido
traer el canto que sea a vuestra altura
y darle una apasionada bienvenida.

Os daré muchas veces la bienvenida
como las miles que os dará el pueblo
en sus miles de cantos y expresiones
que gritan en alto jóvenes y mayores.

El preciso día en el que llegasteis
se ha convertido en el más bello de los días.

Mi bienvenida en la militancia como de cuantas
prisiones que habéis sufrido,
y de cuanto os habéis enfrentado de ocupantes
y de cuanto amargo habéis saboreado
y de cuanto de opresión habéis sufrido
en la política de las verjas y mazmorras
y de cuanto habéis encontrado de verdugos
que ignoran el derecho del vecino
y de cuanto del mal del ocupante habéis visto de
y que os ha privado de la libertad,
y de cuanto de perseverancia y convicción
que anida en vuestra alma por imponer la libertad.

Os doy la bienvenida de cerca y de lejos
y con todas sus matices y formas

la bienvenida de una patria usurpada
y dividida por muros
y en situación de difícil espera a una solución.

Es la espera de vergüenza que salpica al mundo
en su conciencia
y más que vergüenza es inhumana y contraria a la religión
cuando la querida patria aún padece del dominio colonial.

Las riquezas expuestas al expolio,
expuestas a la destrucción
y expuestas a la disputa.

Y siempre mi bienvenida bajo la bandera
del glorioso pueblo que rechaza la sumisión
y la humillación,
como tú los has visto llevando a cabo
su derecho en decidir
y rechazar la impuesta integración
dispuesto a la guerra y dispuesto al dialogo
y la síntesis en este contexto la quiero resumir.

Queridos huéspedes y fragancia del infinito
que no sois huéspedes,
y vuestra llegada
es un regalo que enarbolar y el orgullo más bello,
que los días ya aclararán al mundo de un pueblo libre.

Desde lo más profundo me solidarizo con vosotros
y con el sufrimiento de los que en estos días
resisten con su huelga en las cárceles
y su salud se deteriora por la tierra

y por romper el asedio a la patria.

Y aquí quiero decir en este argumento
A la gente ausente y presente
Que el enemigo está lejos de la razón
Y que al enemigo hace falta asestarle un doloroso día.

La lejanía, la bienvenida y la despedida
Por el compromiso renuevo la unidad
Y renuevo la palabra que no se vende
El Sahara tierra y mar
Y que sus riquezas no sean mercancías para mercaderes.

La fidelidad a las tradiciones es del compromiso
Y la deriva es del precipicio al abismo.

CAPÍTULO II
POESÍA DEVOTA Y DE ELEGÍA

El que no oye sino con sus oídos
que a sus oídos preste atención,
en el día del juicio final le espera
un interrogador
que no sabrá nunca donde estará.

Si alguien hoy es imbuido por lo material
En la vida y en este ha comprado
Y ha vendido
Y de la fortuna hizo mucho y diverso
Tuvo el éxito y tuvo ganancias
Y se largaron sus pasos y sus brazos
en la ambición
debe recordar que se ha desviado
hacia lo material y del legal origen su fortuna
Algo que en absoluto no concuerda
en mi devoto canto
ese que hoy vive en conflicto cogiendo
y soltando la aspiración.

¡Oh, gente!, de este que hoy adquiere en shaaban[23]
adquiere en El id[24] y en ramadán
y en Laftar también había adquirido

---

23   Mes sagrado de ramadán en el que no se permite el engaño ni la búsqueda de plusvalías.
24   Pascua religiosa musulmana

Y sin timidez espera también adquirir en Lagsaar[25]
Disminuyendo y aumentando
en los platos de la balanza,
deseando de Dios que sigue ausente el albor
de la luna
y cuando sobre él brilla la luz del sol
con un tamiz intenta protegerse.

El que hoy busca las fuentes de la fortuna
Y a la fortuna se ha entregado
Si se le aconseja sobre todo este mal
es como si prescindieron de él sus allegados
que por una causa se entregaron
y amigos de compromiso
fieles a las aspiraciones de sus generaciones
invictos y duros ante el acoso cuando sobre otros
pesan las injusticias y ellos se hacen amortiguadores
del peso,
esta es la verdad y quien está presente y no pudo actuar
debe callarse y la verdad se debe expresar
por si alguien ha calculado mal
lo que las circunstancias no han permitido.

---

25   Meses del calendario lunar en los que hay ciertos trabajos que no están permitidos según las tradiciones de los creyentes de religión musulmana.

Alabanza a Dios

Yo el siervo de Dios no me sostengo
Salvo en mí
Poco pido de los seres humanos
Y a Dios pido de todo y no busco
Esperanza salvo en el todopoderoso
El todo que tiene beneficio y tiene castigo
El dueño del universo que rige en el trono.

La fortuna es obra del creador
Del benefactor
y es a quién se le puede pedir la fortuna
Y el único a quién sabe dar.

Y lo esencial en todo esto, al poderoso
yo vengo a pedir
que me salve del infierno
que me salve del castigo,
que perdone mis pecados
que alargue mi vida
que borre mis deslices
y que en mi vida y en la posteridad
yo no tenga amargura.

Yo no espero más que el bello y
generoso Dios
que es desprendido en su fortuna
que es sin par y dadivoso
que es de rostro acogedor
al que no se puede acudir con engaños.

Al que lee en los corazones
yo desde mucho antes siempre le he pedido
y hoy también le pido.

Y le pido que me dé mucha riqueza
de origen limpio
y que proceda de su trono.

No le oculto a Dios mi situación
porque la ve y es fiel en sus palabras.

No pido a nadie más que el todopoderoso
que en sus manos está el destino,
le pido el éxito y le pido el buen camino
y le pido la riqueza que me dure
y que sea lo que él ha decidido.

Y no pido más al único Dios
que puede dar la vida y la muerte
a su esclavo
y sabe dar sus riquezas sin contar.
Yo soy tu esclavo
Y el orgullo del esclavo es de su amo.

Tu Dios eterno
que predicamos y sin quien no tengo
hogar
tu que eres capaz y generoso en dar
de tu riqueza inúndame con tu generosidad
sin limites
.yo hacía ti mis manos se extienden
porque necesito tu bondad
dame de tu caridad hasta que de ella me llene.

En estos años en mi cuerpo me salen bultos
tristeza y dolor de huesos,
y en un costado siento algo raro
y siento dolor en mi corazón
mayor que los sueños que de él emanan,
y cuando vuelvo a pensar en esto ya no me basta
y encuentro que el todopoderoso ya lo sabía
curando mis huesos con algo bueno
y curando los bultos que tiene mi cuerpo
y curando del todo mi costado,
y el corazón el todopoderoso lo curará.

Todo aquel que rezó y ayunó

Como cuantos creyentes de Mahoma
que rezaron y ayunaron a Dios
y como cuanto es el profeta apreciado por Dios,
quisiera que me desatara con alegría
los nudos y me abriera puertas para mi sustento.

A ti Dios me dirijo con la mediación del arcángel
Gabriel y con el arcángel Miguel
y a todo aquel entregado que ayuda en tu nombre,
entregado a almas sedientas y secas,
y a ti me dirijo con la medición de Mahoma
y todos sus descendientes
y a ti me dirijo como cuanta lectura hizo
el profeta del Corán a su seguidor,
y a ti me dirijo como tantas noches, rezos,

y días de ayuno tuvo el profeta Mahoma
para que se me hiciera fácil hilar y tejer
y se me hiciera fácil bordar y coser en la vida
y que sea con la auténtica fe de mi religión,
y que me diera de fortuna lo suficiente,
y que tarde meses y años
en ver el rostro del ángel de la muerte, Israel.

A ti me dirijo con la mediación
del mejor misionero que enviaste a lo largo y ancho
del mundo
para que me perdones mis pecados,
mis blasfemias,
mis inexactitudes
y mis ofensas
y te pido que mi camino hacia ti sea el correcto.

Y con los apóstoles Talhata y Zubeir
a ti me dirijo pidiéndote paz en mi alma,
y en mi camino solo hallo tu voluntad
y generosidad para mi sustento.

Dios dame un buen final

Dios concédeme un buen final
líbrame del infierno del juicio final
que esto no es mi preferido destino,
mi acomodo está en aquella otra vida.

Tu a quien antes visitara este hogar
nunca podrás soslayarlo
y si hoy por él y con prisa has pasado
sin detenerte es porque esta de los suyos
deshabitado
y no pesabas encontrarte con ellos.

Ir en busca de estos habitantes
Solo te puede dejar rezagado en el camino
y en esto tus lágrimas no valen la pena
si a ellos ya te reencontrarás
con los que antes habitaban el hogar
y siendo así puedes llorando cada día.

Dios ayuda a tus siervos

Tú, que todo lo creaste por tu bondad y gracia
y que yo te lo reconozco,
dadme, Dios la riqueza de la que
con juicio me privas.

Mi gratitud al poderoso por lo que me has dado
que es mucho,
esta aquí y no puedo contarlo,
lo disfruto y digo gracias a Dios.

Encuentro el fruto de su bondad
Encuentro su protección,
y encuentro su calor gracias a su generosidad
y le digo que de esto soy testigo
y a él fiel se lo digo.

Mi gratitud al creador del universo
que me ha hecho vivir sin pedir a los demás
y mi gratitud por darme los hijos
y me darme mucho de su bondad
y por esto,
A Dios mi lealtad y mi congratulación.

CAPÍTULO III

POESÍA EVOCATIVA

Al Alhambra

Oh Alhambra tú perla,
siempre novia de la belleza,
mucho has impresionado
de boca y labios,
tú, belleza que a generaciones
has sonreído.
Oh, Alhambra y no es improbable
que cuando te sonríes a ti misma
generaciones te laurean.

Tú, palacio de Alhambra,
si alguien te visitara
nunca jamás a su regreso
de ti se olvidará.
Quien te dejara a tras
De reojo con la vista te velaba
Porque en el palacio recuerdos quedan
Y porque es bello desde este lado
Y porque es bello desde el otro lado.

En las paredes del palacio se lee la esencia
de su belleza,
y se percibe su existencia.
El Alhambra contemplado de carca
y contemplado de lejos
bello es visto a lo lejos como es bello
visto adyacente.

Y si alguien al palacio desde la lejanía
lo ha amado,
más aún si a este se acerca
y bien lo contempla aún más lo amará.

y si aún más se le aproxima
y fuera de verso fácil
impresionado tal vez
irá sin dejar ningún verso.

Oh, Alhambra tú perla,
siempre novio de la belleza.

Cuantas lágrimas de ojos
por un palacio se ha derramado,
y cuantas que no quiso correr
se ha derramado y se ha secado
sin detener sus cataratas de lágrimas
por el palacio en el que guarda
y conoce sus secretos y hermosos días
y noches que lo hacen más amado.

Granada de gestas y deseos
y la Alhambra es todo ojos de la belleza
y también boca que rodean lunares,
un palacio que ninguna mano
se lo cede a otra,
vergüenza perseguirá los que no
debían de perderlo.

Mal dejar hijos huérfanos de un palacio
después de padres de hijos que tanto
les ha concernido.
Y a los padres se les achaca antes de los hijos
que no lo hayan defendido.

Oh Alhambra algo me hiere el alma
y que tú nunca has querido,
el palacio hoy sus dueños pagan
 noches para pernoctar y días para estar.

Oh Alhambra por tu existencia en esta vida
si puedes ahorrare tus lágrimas o derramarlas por
este pasado para que tus ancestrales que hoy lloras
ellos te llorarán.
Alhambra, oh, perla de la belleza.

Letras de orgullo

Elegía a papá Ahmed Uld Abdelhay

Y son letras de magnanimidad que emanan
del quehacer glorioso
y de renunciar maldecir en las letras a los demás.

Su esencia y notoria es sin par
y en el camino del bien surcó muchas leguas
y sus ojos de mira son constantes en el bien
que repercute sobre su prestigio
porque su balanza nunca se deriva al mal.

Quiero por ello cruzar mis dedos
orando Dios clemente y misericordioso,
su gloria y bravura el fuerte y el débil la conoce
y en dar la mano su generosidad
no tiene límites.

En la memoria eterno quedará bien en el registro
de las letras
con el merecido que le han dedicado de elogios
y cantos de inspirados poetas.

Sus letras colmadas de significado y paciencia
le sobran más que elogios
porque su riqueza poca o mucha
a él se le agradece y vanagloria porque de ella
ofrece sin rendirse.

Por esplendor en la lengua siempre fue claro

en su respuesta.

Su elogio sincero se hace sin motivos y sobre todo
cuando esto evidente se marca con acento
y se oye de boca en boca.

Y si alguien es de buen verso y le aclama
hasta quedarse ronco
de Sí y Ole no será el último en cantarlo.

Escuchó lo más hermoso de ovaciones y enaltecimiento
tanto de quien le gritaba viva
como de quien quedaba silente.

Tú que eres quien hace todas las gestas y las une,
en una palabra
eres único en forjarlas de pequeñas a grandes
y esto significa que todas tus proezas seguirán gloriosas.

En mi canto intenté contar cuantas letras de gloria
tu has protagonizado en cuanto de ámbitos
por si alguien en las letras la busca
en y mi verso de elogio las encuentra.

En las letras de elogio mucho y profundo
se ha consagrado vocales y consonantes de Abdelhay
el prestigio que el abuelo Buseif heredó a Ahmed.

Tú, testigo vivo

Por Dahay[26] no ausentas el vivo de los testigos[27]
para decir que se nos ha ido y sin embargo existe
y aún hermoso esta su nombre.

Tú Dahay cuanto de amor te llevaste
y cuanto diste:
A los montes de Stal y Agaman,
las colinas de Tueilit,
las colinas de Igzint,
las colinas sendero de Tendecmarin,
las lisas colinas de Ishicran El Baida,
los límites de Azefal a los cerros de Tendalein,
y desde ahí hacia el sur a Tiyirit todo sembraste de amor.

Y cuánto de amor esparciste en los montes
de Edauas[28],
y cuánto en el monte Fask[29]
y cuánto de amor has hecho de las depresiones
de las dos Jeneifisat
y del estrecho valle de lejneig,
y de las colinas Lehdaba y Mzeiniat
y del remoto nombre Legshad
y las famosas depresiones de Senein,

---

26   Apodo de cariño del padre del poeta Bunana.

27   Un proverbio saharaui, que hace señalar el compromiso de los vivos con los muertos o con la Historia.

28   Un monte en el norte de la geografía mauritana donde se encuentran las tumbas de varios guerreros anticoloniales saharauis que lucharon contra la entonces Francia colonialista, principios del siglo XX.

29   Monte en donde se encuentra la tumba del erudito Sidahmed Elkinti.

y de pozo Afudash y los cerros de Eghmeimit
y en los llanos de Imutlan y en los montes
de Maglub Edin y Marasit
y en el monte Amrasit y la depresión Tashanit
y en la colina de Lehueida
y en el monte de Eig y en las cordilleras
de Timizguin.

Si llegas al soberbio monte de Bulautad y de Derraman
de mi elogio quedarás convencido,
y veras que el monte Leglat tiene agua la misma
agua en las colinas de Ibucaquen
y en los picos de Um Rueisein
y en el monte de Duguech y el de Agüeinit
y en las cercanías
de los montes Atumay, Galb Elgain y de estos yendo
hacia el oeste
si regresas encontrarás esperanza en esta tierra.

Y de todo esto que he dicho, creo, que no he errado
si pronuncio el nombre del pequeño monte Adagd y
Adgheid
y no es porque tengo preferencia al recorrer estos lugares
sin citar
los montes Iyiblan y otros dos más.

Y cuantos de montes más puedo citar sabiendo que es
difícil
y sabiendo que inicie contando en mis versos dese lo más
difícil
a lo más fácil desde el valle de Zug
a Tinzit al Sur al lado de Turarin Legleid

a los reducidos campos verdes de Aghshugueit
desde donde se despeja la vista de Tuyunin.

Todos estos lugares que he citado con claridad y arte
Tú Dahay les has hecho querer como otros lugares cerros
y colinas de Elmedna,
Elfuch,
Tueiulit,
Hikm Inal y Lembeitihin.

Y ahora me doy cuenta que no he citado colinas
de las dunas Leghreidat,
que ya sé dónde están ni tengo duda en su ubicación,
el sendero Guete Eljail está a mi frente
y mis ojos lo contemplan
y el pozo Elbani por si no te he citado te pido
perdón y también a ti Agadi te lo suplico y te digo
que por ti no he dejado de cantar.
Canté las colinas Stal Gamán
y más canté a moradas donde no olvido
efemérides de enredos amor y secretos.

Todo lo que he dicho no me satisfaga en mi deuda
Para loarte.
Tu deuda seguirá pesando sobre mí sino te canto
y si te canto contigo tengo aún tengo deuda.

Y si para cantarte he obviado la letra que inicia
tu nombre Abdelhay
y que bien rima en estrofas en poemas y en versos
es porque no era la intención en no cantar a ti papá
porque me quebranta.

Cuantos de gloriosos caídos

Cuanto de glorioso mártir ha caído
En defensa a su familia por el derecho
a existir,
y como ejemplo no hay ni habrá.

Oh, de mí,
mira tanto amor que derrochas y consagras a la libertad
más que por los valientes
que dieron sus vidas por la independencia
y no para que de ellos se alardeara
en «homenajes al día del mártir «
sino para que en libertad y sin dolor
vivieran con dignidad generaciones
y con orgullo prosiguieran en la consecución
de la libertad.

Mártir

En días y noches en lo más alto
sobre los escenarios, eternos
en homenaje están los mártires,
y Dios en sus palabras les consagró
mucho antes que cualquiera.

Los mártires son el coral y glorias
del pueblo
y son la perla del compromiso,
y para decir la verdad, en los hechos
son más grandes que los demás
y son el brazo fiel que no ceda
y su voz está en la mar y en la tierra
y son estrellas y luna del universo
y en todo quehacer son estrellas y luna
y son el albor de la justicia que se refleja
en el cielo y con el que se deslumbra la injusticia.

Moradas que enamoran el ojo

La morada que enamora el ojo
persistirá en el alma
y persistirá en la memoria
como los montes de Bulautad y Maglub Edin,
los montes de Leglat y Derraman.

Si alguien pregunta por Bulautad
por Edalaa
por la salina de Sebja
por Eluad
y quiere saber cómo están estos lugares de patria
esto es el momento de hacer preguntas.

No hace mucho cuentan que estos lugares
no están bien de salud,
porque con la subsistencia
de los invasores están oprimidos.

Y quien deprime al monte Bulautad
hermanos,
también oprime a los montes Derraman
Agailas, Leyuad, los collados Inillan y Zmul Tayha.

Y si alguien desde el monte Lehueida en busca de paz,
por el monte Bulariah
pregunta a un beduino que iba sin prisa
y no pecar de ignorancia sobre la tierra
puede que le diga,
en un día sin prisa a lomos de dromedario
se alcanza a Bulariah
y se pernocta en Derraman.

Y si alguien quería preguntara si Agailas
era aquel pozo muy concurrido por beduinos,
y quieres saber que si Agailas sigue siendo
el pozo que has conocido de antes,
en un errado lugar y que sus gentes lo habitan
y nunca ha estado triste,
decirle, Oh tú el compasivo,
que hoy Agailas este desierto, desolado
y envejecidos sus lugares de morada.

Esta deshabitado y sus huellas borradas
Y se ve sin rastro de vida,
esto es lo que en fin la vida nos depara
viendo hoy a Agailas en aridez y sin acampadas
de jaimas.

Cuanto de notable y hermoso frig había
en el monte Maglub Edin que hoy el ojo
más observador no ve
como si en los cerros de Timizguin no estuvo
aquel frig que yo he conocido.

Y ya no se ve nunca más un frig ni viejas huellas
de acampadas
ni camellos que vuelven de su trashumancia
hacia un frig,
ni hogueras se ven de un frig en la ladera de Bulariah
y Bulariah de tanto recuerdo es atrapado en la tristeza
y deshabitado de los fulanos
y viejo está el lugar asentada de los fulanos.

Sin vida está Bulariah y gastada las huellas
de sus habitantes,
oh tú el piadoso, sus habitantes se han ido
porque no encontraron paz ni seguridad.

Derraman desolado sin pastos y desierto
es hoy la vergüenza que recae con su peso
sobre la Vida en su esencia.

El pozo Bulariah

Llora esta Bulariah y de tanto llorar
pena me da,
Bulriah está triste
Y su voz reverbera y ronca de tanto llorar.

Llora Bulariah,
extrañando la desaparición de sus habitantes
y la ausencia de sus allegados,
pero a Bulariah le aconsejo que deja de llorar
por si se le quebrara su voz,
y Bulariah a esto debe comprenderlo
y que los hombres que amaba entendiera
que se han ido.
Advierto esto a Bulariah y decirle que semejantes
habitantes no volverán
y que ahorre en sus lágrimas para no gemir más.

El monte Eig

Al monte Eig si alguien asomara
en su valle
y contemplara con sus ojos
sus combinados matices,
vera el monte Eig que limpia todo
cuanto de turbio y oculto en el alma.

Oh, amor,
el alma está convencida que en la vida
es inevitable la separación
y la vida a mas que se prolonga también
se hace banal si hubiera para Dios
un perenne corazón.

Y el corazón que ha vivido mucho de amor
en los corazones y montes de Tiris
permanecerá notable
y bien sostenido por firmes columnas.

Virtuoso y generoso quedará con luces
de virtud
como los ilustres hombres
que ahí tiene de eruditos y sabios.

El monte Mades

Solo es integro el todopoderoso Dios,
el monte Mades no acoge jaimas
trashumantes o acampadas
ni encuentra a quien le diera su mano
y sin jaimas hasta cuando se buscan
en espejismos
porque la vista acierta más que las palabras.

Oh tú Mades,
mengua en tus preocupaciones
y asume el destino que te ha dado Dios
y procura no derramar tus lagrimas
así no te reprenderán,
mal visto son las lágrimas de un hombre mayor
ten encuentra que no estás habitado
ni tampoco habito está el cerro Legüeir
y tú no tienes más que decir
«todo esto ha sucedido y que sea para bien».

Si sois como yo

Si sentís como yo,
desde principios de este año
vivo aureolas y recuerdos de Agailas y de Bulariah,
un dolor que con otros comparto.

Oh, compatriotas,
si la lejanía de estas añoranzas
sirviera para mitigar estos recuerdos
en la tierra escavaría hasta su más cercana
capa de agua,
y lleagaría el climax en mi júbilo
porque quien de vez en cuando se equivoca
no se le hecha de cara
porque cualquier error cabe en esta edad.

Sobre la patria esto conlleva a ser visto
como un pertinaz
mientras que este en su mundo es algo
que tiene cosas de místico
y de un místico a vagabundo
que en el tronco del pozo Fafudash
no le es imposible atar su ternero.

Y no está mal hacerles a los montes de Bulautad
un viaje relámpago,
pero siento que Dios me lo impide.

De vez cuando siento que estoy perdiendo
la memoria,
y a medida que el tiempo avanza más
pierdo recuerdos
y no es por debilidad en mis principios
sino por falta de picardía y la voluntad
que Dios sobre mi ha vertido.

Hoy tengo antojos de patria
que no puedo describir
Tengo antojo de Tichla[30]
Tengo antojo de Bir Nazaran[31]
Tengo antojo de monte Teniuleg
y tengo antojo de los montes Leyuad
y tengo antojo de quien en el valle
acampa con sus jaimas de gente generosa
que habitaba a los valles del Monte Generoso, Leyuad,
y tengo antojo de los cerros de Teiha
de Iniyan y antojos de valles ríos y laderas.

Después de todo esto que ha sucedido,
creo que alguien con antojo de Leyuad,
los cerros de Teiha y los Iniyan
está obligado a tener antojo de los negros collados
que escoltan la falda del monte Derraman
y de colores misceláneos en la falda sur de Bulautad.

---

30   Pequeño pueblo del Sahara fundado sobre un pozo durante la época colonial y donde la familia del poeta Bunana frecuentaba con sus ganados y en sus desplazamientos por la región de Tiris.

31   Pueblo del Sahara también construido por España en los años treinta y es origen de un pozo muy conocido por su profundidad y caudal de agua.

Desconfío de la vida

Oh, mi amor,
desconfiado en la traicionera vida
porque esta acaba con engaños.

Acaba la vida
acaban los hombres
y acabo todo aquel que Dios creó.

Tú, alma,
sepas que te has equivocado
cuando declaraste
que hubo tiempos en los que en un frig
dejaste tus huellas
y el ojo te llevó a enamoraste de alguien
que pretendías encontrar y no has podido.

La falta de tiempo te engañó
y en tu corazón antes de marchar
anida el deseo de volver
al frig del verde campo.

Oh, amor,
de tanto preocuparse
de tanta inquietud
y desvelos que atormentan
en estos días con apasionados golpes
de ilusiones,
ansias y amor,
hoy amor todos te golpean juntos
y te hablan de un verde lugar de acacias y arbustos

en Aghmeimit donde acampaban las jaimas,
que el integro Dios intenta ignorar.

Hoy el observador está en lugar del verde campo
y el lugar desolado de las jaimas aguarda
las primeras nubes que precipitarán
en los albores de primavera.

Oh, amor,
estos recuerdos de los ríos de Aghmeimit
que hoy te atormentan
te llevarán a locuras y te harán pensar mal.
Oh, amor,
tú que tienes antojo del rio Aghmeimit
y su verde campo
si este se te aleja es porque tú mi amor
eres como la hierba Ayiryir que se marchita
con el paso de los vientos
y que busca con antelación en invierno
su acampada de verano.

Oh, amor,
de tanta preocupación Aghmeimit está a la vista
despoblado,
y esto es del poder de Dios que rige sobre
el destino de sus siervos.

Oh, amor,
Dios resguarda el frágil huésped,
vela por la gente
y también con su piedad vela por Aghmeimit.

Oh, amor,
partiendo de los recuerdos que te atormentan
no desestima a quien preguntas en tu búsqueda
alarga tus pasos para calmar
tu ilusión,
tus recuerdos,
la pasión de recuerdos que te violentan
por lo que conocías en tu tierra ha desaparecido.

oh, amor,
y también se han ido los conocidos
aguante este dolor y no dejas que te pesa,
y no temes el perdón para Aghmeimit
que aún su lugar este desierto y sin brotes verdes.

He despejado todas mis dudas sobre Aghmeimit
y mi antojo del pozo Afudash
y del monte Guerbabaz
y de la charca de Lareish
y del monte Eselian
y también del Rio Alif.

Estos son moradas que antes eran
Campos verdes de pastos
Charcas y primavera,
hoy deshabitados de almas
espejismos de antiguos lugares de pobladores
y su primavera se ha transformado en verano.

Oh, amor,
Llorarlo ya no merece la pena,
es acentuar el sufrimiento.

Alguien dijo que un tal fulano hijo de tal mengano
se encontró con un huésped que dijo haber visto
torrenciales lluvias,
truenos y relámpagos que destellan
desde el monte Mades al pozo Afudash
y generosos se extienden hacia el monte Aghmeimit.

El destino de quien es atormentado
por añoranzas
aumenta e ilusiona más el alma, porque la vida es
traicionera.

Oh de mí que he tardado

Oh, de mí,
que he tardado sin ver
al monte Buguetaya.

Desde la cima de Buguetaya
si insulto a alguien nadie
podrá oír mi agravio.

Aquí amor estoy hostigado
por mis alusiones,
todos en alerta y preocupados por mi sed.

Yo tengo sed
y todo que ven mis ojos de montes
tienen sed,
y de tanta sed, en mi mente imagino
ver a los montes Buserz y Buguetaya.

Oh, mis ojos,
Llorar con lágrimas
y con todas formas de desvelo
por todo lo que te está pasando en esta semana
de ilusiones vacías,
tu alama quiere regresar
y esto oh, ojos míos, ya lo sé
que quieres ver al monte Lehueida
los cerros de Edlu
y a los montes de Elagalla.

Bella es la patria

Amo con amor
la belleza de patria
y a esta belleza
yo mucho la amo
desde el norte al sur
y desde el sur al norte.

CAPÍTULO IV

VERSOS CORTOS DE BUNANA Y DE OTROS AUTORES

Versos del poeta Mulay Uld Baba Uld Ali

A Dios pido justicia
de la hija del Ghadi,
que no me marcho sino enfadado
y que no regreso sino desenfadado.

Versos del poeta Chej Luali Uld Chej Malainin

En el amor a Mariam hija de Elyailani
no hay duda
ayer quedó claro en la charca
Lebgar,
en los montes Ntayat
Lehueid
Eig y en el monte Mades.

Versos cortos de Bunana y versos referencia de otros poetas

El amor a esta tierra no tiene límites,
es algo sagrado y respetado,
esta en la sangre,
y es profundo
y corre en la medula de los huesos.

La independencia es el secreto
aspirado,
el pueblo está obligado a conseguirlo
aunque por él se diera la juventud
como por él le salieran las canas.

Un ejército de principios y convicción
puede imponer fronteras
en la tierra como en el mar
porque emana sacrificio
entrega y sabe dar a más.

El Ejército de Liberación
es la más clara expresión del pueblo
tiene prestigio de gestas
y tiene prestigio de vencer
en tiempos de paz es mucho mejor que la paz
y en tiempos de guerra es más mortal
que la misma guerra.

Setenta trofeos conquistaste
con tu duro combate,
y esto es tu prestigio,
y patrimonial de orgullo
porque ese hora y día tus ojos fueron tus balanzas.

Los siete héroes al enemigo infligieron
severas derrotas,
visibles daños,
y el hecho hizo bien cimientos e hizo para la gloria
sus asas.

La voluntad de Aminetu es indoblegable,
selecta en el arte cuando se escribe la literatura,
para el enemigo es cataratas de ojos
que no se pueden curar.

Cuanto el pueblo de sed y hambre
sufrió por la libertad,
por la que lució joyas
y sigue en sus cabelleras reluciendo
piedras preciosas.

En la cultura os quiero aconsejar
mucho como lo que os quiero decir,
conservarla en vuestra mente
y lucirlas como joyas de adorno en vuestra
frente,
porque os dará fe en la victoria
y orgullosos os levantará en alto la cabeza.

Al mundo quiero hacer esta pregunta,
¿Es posible que lo ilegal se prohíbe
y lo prohibido se hace legal?
Las reglas del derecho deben ser perpetuas
como el 20 de Mayo la regla perpetua
que espero y ovaciono por su logro.

A este país y aquellos la solución
que nos trasladaron no es de fiar,
no tiene nombre y carente de lealtad.

En el brazo del ejercito esta la solución
de la solución,
vive por esta, combate al enemigo
le hace tragar los más amargo
que nunca podrá olvidar.

A través de la Intifada que traspasa
a las fronteras
y con determinación,
voluntad y bravura
se impone la existencia contra el exterminio
y se rompen las cadenas de hierro.

La acción y la voluntad son del creador
quien me dio con qué decirlo,
y cuando la vida me aprieta
el creador me traerá soluciones.

A quien presume de ser poeta
y alarde conoce género tras género
y todos los estribillos,
por qué no compones un estribillo
y en el derrochas tu imaginación
para acompañar a la patria.

La razón de la belleza
de este pueblo
está en su gente
y cohesión,
el ojo vive de sus actos
y el oído vive de su prestigio.

Los enemigos
desde años atrás
no desestimaron
la Revolución
del 20 de mayo
porque la Revolución
es de principios sólidos y plurales.

NOTICIA DE UN PROYECTO DE RECOPILACIÓN DE LA POESÍA ORAL SAHARAUI. HACIA LA VISIBILIZACIÓN Y RECONOCIMIENTO DE SU CONTRIBUCIÓN AL PATRIMONIO CULTURAL DE LA HUMANIDAD

Juan Carlos Gimeno Martín, Bahía Mahmud Awah,
Mohamed Ali Leman

Este libro del poeta nacional saharaui Bunana Uld Abdelhay Uld Ahmed Uld Buseif forma parte de un proyecto de recopilación de la poesía oral saharaui compuesta y cantada en lengua hasanía, que se aborda dentro de un proyecto más amplio puesto en marcha en 2007 por la ministra de Cultura de la República Árabe Saharaui Democrática, Jadiya Hamdi, titulado Cuéntame abuel@. Tras largos años de guerra y exilio, la población saharaui, especialmente su juventud, se manifiesta tremendamente sensible al deterioro,

vinculado directamente a su historia y cultura saharauis. A este patrimonio se halla conservado en las memorias de las personas ancianas saharauis, que muestran a través de los relatos, los cuentos y leyendas, los proverbios y refranes referentes a la vida en el desierto, un profundo conocimiento del territorio que han habitado ancestralmente, experiencias personales vinculadas a la lucha anticolonial, sus vivencias y sueños desde el exilio, así como las memorias heredadas de sus mayores sobre el período pre-colonial, cuando nomadeaban libremente por su territorio.

Los ancianos y las ancianas saharauis, depositarias de este patrimonio, conservan en sus recuerdos y memorias el recuerdo de hechos históricos que les afectaron, así como ceremonias sociales, rituales y formas de vida, ofreciendo esta delicada herencia a otras generaciones que viven de otros referentes, pero ansiosas de conocer y participar en la experiencia de sus padres y abuelos. El proyecto Cuéntame abuel@ tiene la intención de recuperar, catalogar, conservar y difundir aquellos aspectos del patrimonio cultural saharaui que contribuyan a conocer el presente y el pasado histórico y cultural del Sáhara Occidental, con la finalidad de dirigirse a un amplio público para que conozca y se reconozca en la tradición saharaui. La poesía en una cultura oral, como lo es la cultura saharaui, es un reservorio privilegiado de estas memorias. La sociedad saharaui siempre se apoyó en la poesía para el traslado y la búsqueda de la información y para el registro de sucesos y acontecimientos de la historia, por lo que la poesía oral, junto a las narraciones y cuentos populares, jugó un importante papel en la conservación de la(s) historia(s) de la sociedad. La poesía en hasanía era la voz de la sociedad, de su situación, de su estado de ánimo y un canal de comunicación, en ocasiones, casi el único. Servía para la circulación de información y de la opinión de las gentes, para el intercambio y debate de las diversas posturas literarias entre poetas y entre las familias saharauis y, dentro de cada familia (entre las distintas tribus y dentro de cada una de ellas); a través de la poesía circulaban las ideas y el saber entre la gente. El verso, junto a los cuentos y los relatos compartidos en las jaimas alrededor del té ha sido el puente de comunicación entre generaciones. Situó el discurso poético y las narraciones populares en un lugar destacado históricamente en la trasmisión oral de la tradición, y en el campo de enseñanza. Hace más de cuatro décadas, también funciona como eje de trasmisión en los medios de comunicación. Son funciones conocidas de la poesía saharaui servir, antes y ahora, para las alabanzas, los lamentos, la descripción y la añoranza. También ha constituido un canto al orgullo familiar y tribal y a la identidad de la sociedad saharaui, así como a su identidad como pueblo. A través de estas vías, la poesía se consagró en la sociedad saharaui históricamente, tanto como hoy lo hace en los territorios ocupados y en los campamentos de refugio al sur de Argelia, como el dispositivo cultural de mayor despliegue para la orientación de la sociedad y con gran legitimidad para la formación de la opinión pública.

La poesía es intercambiada entre la gente y es cantada de forma individual o colectiva. Durante el siglo XX, en el contexto del colonialismo, la poesía en hasanía contribuyó a evitar la desaparición de la cultura saharaui frente a los intentos coloniales que conllevaron a su minusvaloración con el enfoque modernizador, que sin embargo no buscaba integrar a la población saharaui a la metrópoli, sino que mantuvo en condición subalterna. La lengua hasanía, en su uso y trasmisión oral, sirvió como medio para la reproducción de la cultura saharaui en el contexto colonial. Ebnu denuncia el escaso interés durante el colonialismo que España mantuvo sobre la poesía saharaui, en forma general sobre su cultura. Julio Caro Baroja en cambio reconoció su importancia para la sociedad saharaui (Caro Baroja, Julio, 2008). La poesía, apenas sufrió influencia externa, «continuó su viaje en su tradicional vehículo, es decir, de boca en boca y anidando en la prodigiosa memoria de bates, cantores y de los amantes de la poesía». Aún hoy, señala Ebnu, la poesía saharaui mantiene su forma clásica, «no ha variado a lo largo de los años, la rima y la métrica no han sufrido cambio alguno y el contenido sigue siendo prácticamente el mismo, poesía religiosa, didáctica y educativa, poesía romántica, poesía de la tierra o de la nación. Es esa tierra que adquiere la dimensión de patria con la revolución y la lucha por la autodeterminación. De ahí que la poesía saharaui en hasanía se mantenga y a la vez surja como una nueva.

La poesía saharaui constituye una biblioteca que incluye la botánica, la meteorología, la astronomía, la geografía, la historia de la región del Sahara. Contiene también un manual de usos y costumbres y de los valores que conllevan, así como de las formas adaptativas a un medio donde la vida puede ser difícil, individual y colectivamente (Gimeno Martín, 2011). Por esto, entre los saharauis la palabra dada, es sagrada y debe ser respetada. Si la palabra es importante, la voz con la que se pronuncia adquiere un lugar de central significación. Porque es a través de la voz que la poesía habla. La poesía oral además ha acompañado las diferentes etapas de lucha del pueblo saharaui y su combate por la libertad y por la independencia.

La poesía en hasanía ha estado presente cuando comenzó la lucha armada y se le encomendó la tarea de formar la conciencia política en la población para enfrentar al colonialismo español y a la invasión marroquí después y poner al descubierto a sus agentes y a sus métodos de destrucción. Durante la confrontación con los invasores marroquíes y mauritanos, la poesía saharaui tuvo un importante papel en el registro épico de las batallas, para alentar a los combatientes saharauis e instar al combate, registrando las batallas, como ha hecho en todas las épocas de su historia, constituyendo un poesía patriótica y revolucionaria con el comienzo de la lucha de los saharauis por la independencia. (Ebnu, 2003, UAM). El valor excepcional, sagrado, de la palabra puede valorarse en un pasaje de la entrevista que mantuvimos con el poeta Bachir Ali Abderraman en 2011. «El pueblo saharaui se distingue por la generosidad. Antes cuando recibías un huésped y no le dabas de comer tú ya no podía ser testigo fiable ante un juez. Si te presentas con una persona ante el juez y dices que la otra persona ha dejado de dar de comer a un huésped, quitas legitimidad a su testimonio y el juez no le deja testificar. Le dirá: «Tú no puedes testificar». Los poetas nacionales saharauis, entre los que se encuentra Bunana Buseif, fueron los encargados de animar a los combatientes, informar a la población en la retaguardia de los combates y cantar el heroísmo de los combatientes, contribuyendo al fortalecimiento de la identidad saharaui como pueblo y a la orientación de la sociedad saharaui, estableciendo el diálogo de las raíces beduinas de la sociedad con los nuevos principios de la revolución social impulsado por el Frente Polisario desde 1973, el año «de la Revolución».

La poesía oral saharaui constituye así una pieza fundamental para la preservación del patrimonio, los valores y la ética del pueblo saharaui entablando un dialogo entre las opciones de las experiencias del pasado con el presente, desde elecciones para un futuro basado en expectativas propias. Este es un diálogo que el colonialismo español trató de impedir, lo mismo que lo intenta hacer ahora la invasión y ocupación marroquí de una buena parte de su territorio. El retorno a la guerra en 2020 vuelve a poner este diálogo en el centro de la experiencia histórica del pueblo saharaui, de manera transversal implicando a sus mujeres, hombres y jóvenes desde sus diferencias. Equipo y dinámica de trabajo. El trabajo de colaboración entre las/os investigadores del Ministerio de Cultura de la RASD y las/os estudiantes y profesores de Antropología de la Universidad Autónoma de Madrid se ha dado en varias fases y niveles, siempre bajo la dirección de Juan Carlos Gimeno Martín y Mohamed Ali Leman, que firmamos este texto como voz de un gran esfuerzo colectivo, y con el estímulo, impulso y apoyo permanente de la entonces ministra de Cultura saharaui, Jadiya Hamdi. Las distintas fases del proyecto se han desarrollado desde 2003 hasta hoy. El tiempo y las formas de trabajar han creado un clima de confianza y cooperación entre las instituciones y las personas implicadas que ha hecho posible este trabajo. Nosotros apostamos por los trabajos de largo aliento, explorando un trabajo en colaboración que va creciendo y enriqueciéndose en el mantenimiento de una confianza que debe ser continuamente ratificada; la colección de antologías que recogen la producción poética de estas/os poetas de la que este libro forma parte es un resultado de este fuerzo compartido que muestra las posibilidades de este tipo de trabajo. Las fases del proyecto incluyeron sucesivamente: un proceso de acercamiento y formulación del proyecto; en segundo lugar, la formación de equipos mixtos (saharaui-españoles) para la recolección de la poesía de cada poeta en largas conversaciones con ellos donde también se recogió sus historias de vida. En tercer lugar, la modificación y aplicación de las metodologías de recolección utilizadas en la recopilación de la memoria oral del pueblo saharaui, por parte de nuevos investigadores saharauis y estudiantes y profesores de antropología; y, en cuarto lugar, la traducción al castellano de la poesía en hasanía, tarea realizada por poetas saharauis de la generación de la amistad, cuya producción literaria y poética se desarrolla en español.

En estos últimos años, el Ministerio de Cultura saharaui ha editado, en la lengua, árabe-hasanía diecinueve volúmenes que recogen la poesía de otros tantos poetas. Nuestro compromiso es traducir estos volúmenes al español. En el grupo que trabajó conjuntamente en la recopilación de la poesía saharaui, su edición en árabe-hasanía, su traducción y recreación en castellano se encuentran en primer lugar. el grupo de poetas nacionales, compuesto por: Badi, Beibuh, Alal Daf, Ljadra Mint Mabruk, Sidi Brahim Salama Eydud, Bachir

Ali Abderrahman, Ahmed Mahmud Uld Omar, El Husein Moulud, El Hasin Brahim, Zaim Alal, Bunana Buseif, Mustafa El bar y Jadiyetu Mint Aleyat. El equipo de investigadores e investigadoras saharauis, bajo la coordinación de Mohamed Ali Leman, y el apoyo hasta el fallecimiento de su estrecho colaborador, nuestro amigo y colega, Hosein Embarek Lehbib ha estado compuesto por: Brahim Mohamed Ali (recopiló la poesía de Badi); Mohamed Salem Mohamed El Bachir y Mohamed Ghali Daha (recopilaron la poesía de Beibuh); Zaim Alal Daf (participó en la recopilación de la poesía de Ljadra Mint Mabruk, Alal Uld Daf, Ahmed Mahmud Omar y de Jadiyetu Aleyat); Zeinab Mohamed Eshebel (recopiló la poesía de Sidi Brahim Salama Eydud y de Alal Uld Daf, junto a Zaim Alal, hijo de este); Daha Ahmed Mahmud Omar, y El Kori Abeid (participaron en la recopilación de la poesía de Ahmed Mahmud Omar); Abdulah Mohamed El Mami Abderrahman (recopiló la poesía de Hosein Moulud Mohamed Salem); Mohamed Ahmed Mahmud Sidahmed (recopiló la poesía de Mustafa El Bar Abdedayem); Jatri Zein (recopiló la poesía de Hosein Brahim); Mohamed Ali Leman (recopiló la poesía de Mamdi Alal Daf, alias Zaim); Yeslem Mohamed Moshnan (recopiló la poesía de Bunana Abdelhay Ahmed Buseif).

Hay que añadir a este ingente trabajo el volumen de poesía de Bachir Alí Abderraman que fue producto de su esfuerzo personal con el apoyo de los miembros de su familia. La recopilación de su poesía la realizó su hijo, Sidahmed Erguibi Bachir Uld Ali. Además de las recopilaciones ya mencionadas, Zaim Alal recopiló la poesía de El Heiba Bolah; Nicol Mohamed Salem Yedu y el investigador El Kori Abeid recopilaron la poesía de Mohamed Salem Yedu; Deihan Barka, Agader Yehdih Ahmed, Lili Hamudi, El Arbi Masaud y Mohamed Salem Lakhal recopilaron la producción poética de Ali Uld Bujlal; Yaghuta Ahmed Baba y Sualam Sidahmed recopilaron el trabajo de Mohamed Selec Uld Buzeid y Yahdih

Saleh Mohamed recopilaron la poesía de Uld Labid Ahmedu El Koriel. El informático Hama El Mehdi Sid El Buhali realizó la maquetación de todas las antologías de estos poetas, producidas por el Ministerio de Cultura saharaui. Entre los colaboradores españoles, y bajo la dirección de Juan Carlos Gimeno Martín y Juan Ignacio Robles Picón, participaron en las distintas fases del proyecto los siguientes investigadores del Departamento de Antropología Social y Pensamiento Filosófico Español de la UAM: Luis Martín Pozuelo y Elena Hidalgo (2004-2009) en la formulación del proyecto «Cuéntame Abuel@» y la realización de las primeras historias de vida que sirvieron de experiencia para desarrollar una metodología particular de elaboración de historias de vida en el Sahara Occidental . Su participación fue clave al recoger una primera versión de la historia de vida de Zaim Alal. Teresa Aragüés, Fátima García, Antonia Martín, Víctor Moral y Picón José Luis Quirós (en el curso 2010-2011) y Víctor Bober, Cristina De Torres, Marta Formoso, Jesús González y Gemma Mellides (curso 2011-2012) realizaron catorce historias de vida en el proyecto «Cuéntame abuel@» (entre ellas las de los poetas: Beibuh, Sidi Brahim Salama, Ahmed Mahmud Omar, Hosein Moulud y Bunana Buseif, contribuyendo así al relato de las historias. Las personas saharauis no tienen elaborada una concepción del yo, del ego, desligada de su pertenencia familiar y de su pueblo, el pueblo saharaui, mientras las historias de vida se centran en la trayectoria personal de cada individuo. Para abordar las historias de vida debimos elaborar una metodología que denominamos «las tres rondas», donde además de abordar la trayectoria personal de las mujeres y hombres entrevistados, abordamos su genealogía (técnica clásica en el abordaje antropológico) así como sus mapas de movimientos (centrados en las trayectorias nómadas de las mujeres y hombres saharauis, tanto en el pasado moviéndose por el territorio, como en la actualidad, dado que sus vidas están marcadas por el éxodo, exilio y diáspora). Nuestra metodología se ha basado en mantener con los poetas largas conversaciones y recoger sus testimonios que no son tanto el resultado de las tradicionales «historias de vida», como un proceso de tejer «historias desde la vida». Esta diferencia, más que semántica, es política, pues no es lo mismo hablar «sobre» o «de» la vida de otros, que «desde ellas». «Trabajar historias 'desde la vida' implica necesaria cercanía, que estamos profundamente inmersos, que somos partes de esos mundos y queremos redescubrir sus misterios para poder transformarnos y transformar la realidad a la que nos acercamos, y para comprender la trama de sentidos de su vivir». (Patricio Guerrero, 2018, 38) Poemas de exhortación vida de estos poetas). La historia de vida de Ahmed Mahmud Omar, debe mucho a la pluma de Fátima García, Víctor Moral y Jose Luis Quirós. Teresa Rotaeche (2015-2016), Andrea Camila Peñaranda Núñez, Ana del Rosario Moreno y Julia Vaquero Geiger (2017-2018), Claudia Rodrigo, Clara Rivero Plaza (2018- 2019), realizaron también historias de vida en el proyecto «Cuéntame Abuel@». Eleonore Herranz, Mireya Llamas, Juana Sánchez y Francisco Javier Chiloeches (2016-2017), hicieron un excelente trabajo revisando una versión del borrador de la antología poética publicada en 2020, así como revisaron las traducciones de los trabajos de algunos de los poetas Badi, Mustafa El bar, Bunana Buseif y de la poeta Jadiyetu Aleyat. Claudia Rodrigo y Clara Rivero Plaza (2018-2019) realizaron una primera revisión de la producción poética de Beibuh, y Miguel Gómez Jiménez (2018-2019) de la poesía de Bachir Alí. Victor Jofre, José Luis Castán y Alicia Salvador formaron equipo (2022-2023) para la revisión de los textos de las antologías de Beibuh, Ljadra Mint Mabruk y de Alal Uld Daf. Víctor Jofre también revisó el borrador de la antología de Badi Mohamed Salem, Exhortación, que se publicó en 2022. Esta prolija relación de nombres en realidad cuenta una pluralidad de historias los de encuentros alimentados en un esfuerzo común: la recopilación de la poesía oral saharaui para su trasmisión a las generaciones futuras y el reconocimiento de la aportación al patrimonio común de la humanidad la producción poética de un pueblo que es negado, como sujeto histórico y silenciada su voz. Estos encuentros han contribuido a transformar las subjetividades de todos nosotros que participamos, entrelazando nuestras vidas ya para siempre. Nuestro profundo reconocimiento al trabajo de estas personas, amigas y amigos, discípulos y maestros, hablantes de distintas lenguas; el agradecimiento a todas ellas.

Una consideración aparte necesita la valoración del trabajo de traducción/recreación de la poesía en hasanía llevada a cabo por los escritores y poetas Bahia M.H Awah, Ebnu Mohamed Salem y Ali Salem Iselmu, Pirri. El trabajo de traducción de la poesía en hasanía llevado a cabo por esta generación de personas saharauis que se formaron en otros contextos (principalmente como jóvenes profesionales en Cuba y luego en la diáspora en España) ha permitido la recreación de los poemas en un diálogo intergeneracional e intercultural dentro de la sociedad saharaui. Constituye uno de los resultados más bellos de este proyecto que hemos compartido.

EPÍLOGO

Se ha podido concluir el trabajo en esta antología tras varias y maratonianas tertulias con un poeta de acumulada y dilatada experiencia literaria.

Bunana Buseif no ha tenido la suerte de vivir una vida normal, la misma suerte que han sufrido sus compatriotas de saharauis. Desde muy temprana edad perdió el eslabón más hermoso de su juventud compartiendo con su familia la vida de nómadas trashumantes en busca de una vida digna. En 1975 el poeta es azotado por las circunstancias del inicio del proceso de liberación nacional saharaui. El poeta atesara en su memoria aquellos acontecimientos con gratos y dolorosos recuerdos y a través de este cuadro lleno de dolor, muerte y la opresión que vivió a causa de la invasión de Marruecos y Mauritania al territorio saharaui fuera de la voluntad de los pueblo de ambos países podemos considerar que este poeta cosechó una excelente trayectoria literaria de compromiso con la patria; un instrumento de acontecimientos que consagró a la causa nacional y que nos demuestra su entrega cuando nos adentramos en el corpus de su obra.

El lector puede observar entre las líneas de esta obra que la palabra «pueblo» ocupa la especial atención del poeta en sus versos a lo largo de esta obra, lo que demuestra el irrenunciable apego y entrega del poeta a la causa nacional. El poeta antes de ser poeta quiso ser uno de los primeros combatientes del Ejército Popular de Liberación Nacional Saharaui. Con los que había empuñado las armas contra el ocupante marroquí. Participó en muchas batallas en defensa de los inalienables derechos del pueblo del Sahara Occidental, su cultura, su identidad nacional y por sus aspiraciones de lucha.

De esta obra el lector puede observar que toda acepción lirica vertida en esta obra el poeta la ha consagrado al canto de la tierra, y a la dignidad de sus habitantes. Pocos son los poemas que no están impregnados con este sentido lirico, porque el corazón de este poeta ha estado peregrinando con su dulce verso en los llanos y valles de esta patria saharaui para trasladarnos los sentimientos humanos que emanan de su corazón.

El género literario en el que escribe Bunana es el de un poeta que sus manos han experimentado la guerra contra la injusticia y de su frente derramó sudor y lágrimas y sus labios aún guardan el sabor a esa guerra. Si el gran poeta sirio Suleiman El Isi decía de la gran revolución argelina:

Qué es lo que no he podido
decir del poeta del fusil,
y el fuego de la batalla.
Aún aquí
no me ha abrasado la frente
y sigo revolucionario.

Por lo tanto, Bunana Uld Ahmed Uld Buseif, es uno de los hijos de la revolución saharaui que se encontraron en aquellos años inmersos con su verso y fusil en los históricos acontecimientos que ha vivido la revolución.

El autor pretende con este libro visualizar rastros de la historia cultural y social del Sahara Occidental y acercarla a las nuevas generaciones y al lector en general. Ha sido posible este trabajo gracias a la colaboración del Ministerio de Cultura Saharaui en colaboración con la Universidad Autónoma de

Madrid, que se ha interesado en investigar y dar a conocer la vida del pueblo saharaui y su resistencia cultural y social.

Mohamed Ali Laman

تقديم

ـ يسلم محمد مشنان

ـ مراجعة واشراف كل من:

ـ محمد عالي لمن

ـ اخوان كارلوس خيمنو من جامعة مدريد المستقلة (UAM)

ـ حمدي علال (الزعيم)

ترجمة الي اللغة الاسبانية ، الدكتور باهية محمود حمادي محمد العالم، أواه ، من جامعة مدريد المستقلة (UAM).

مقدمة

ها نحن نضع بين ايادي الباحثين والكتاب والطلبة هذا الديوان الذي هو ثمرة عمل وزهرة عمر الشاعر بوننة عبد الحي احمد بوسيف وقد ذهبنا بعيدا نسبح في خيال فسيح مع ذاكرة شاعر موهوب قدم امكانياته وطاقته المادية والمعنوية لخدمة قضية شعبه العادلة .

ان عمق القصيدة الحسانية يكمن في قوة التواصل في مجتمع يكون فيه للذاكرة الشفهية دور لايستهان به فهي المؤرخ الممسك بروافد التنشئة الاجتماعية ولكنها كذلك ينبوع من مراكز التراث الانساني الصح

راوي المتقدم .

وقد يكون الشاعر بوننة عبد الحي احمد بوسيف مسك بشعرة معاوية حتى تتمكن الاجيال الصاعدة من التعرف عن قرب على ثقافة شعبها ومميزاته واصالته التارخية.

يصدر هذا الديوان عن وزارة الثقافة بالجمهورية العربية الصحراوية الديمقراطية بالتعاون مع جامعة مدريد المستقلة وهو ضمن مجموعة من الدواوين لشعراء صحراويين ولاشك بأن القارئ الكريم يستطيع من خلال هذا العمل الاطلاع على :

ـ دور القصيدة الحسانية في الحياة السياسية الاجتماعية والثقافية للمجتمع الصحراوي

ـ التعرف على الأدب الحساني الصحراوي و معرفة مساهمة الشعراء الصحراويين التارخية في معركة حرب التحرير الوطني .

ـ تقديم مادة علمية للباحثين والاكاديميين لمساعدتهم على البحث في اطوار الادب الحساني الصحراوي .

وفي اطار الخطة المعتمدة لانجاز هذا الديوان تم توزيعه الى فصول حسب اغراض الشعر الحساني من خلال الشرح والتحليل وحسب الاهمية التي يقتضيها كل فصل على حدة.

وفي خاتمة الكتاب تعرضنا للصعوبات والظروف التي انجز فيها العمل بالاضافة الى تقييم تجربة البحث وجمع المعلومات وتصنيفها .

واذ نحن نقدم تجربتنا هذه فأننا على استعداد دائم لاستقبال ارشادات وملاحظات المهتمين حولها من اكاديمين وباحثين وطلبة .

124

1 ـ نبذة عن حياة الشاعر بوننة عبد الحي احمد بوسيف

ولد الشاعر بوننة عبد الحي احمد بوسيف سنة 1958 م الموافق في الرزنامة المحلية الصحراوية لعام الهجوم معركة "لـــگـلات " حيث دارت رحى هذه المعركة في قلب تيرس بالصحراء الغربية بين رجال المقاومة الصحراوية والمستعمر الفرنسي

وقد تغنى الشعراء الصحراويون بواقعة معركة "لـــگـلات " ومن بينهم المين ولد حبيب حيث قال :

ونبأ ذا الواد امعــــاها	كـدية لـگـلات الا انبـات
لعدو ما ذاگت مـــاها	حامد لله لـي امشـــات

ويقول ايضا السيد ولد بوسيف في مطلع قصيدته ضد التواجد الاستعماري الاسباني و الفرنسي في الصحراء الغربية:

واعد واد اشيـاف انشـاف	عـگـب ذاك أمنين اتخـطا
عن واد إشياف بلكـــتاف.	شارب بلجـمة لين اعطـى

ومسقط راس الشاعر كان مدينة اوسرد وتقع بالجنوب الشرقي من الصحراء الغربية

نشأ الشاعر في عائلة بدوية كغيرها من العائلات الصحراوية درس وهو في الصغر ماتيسر له من القرآن الكريم في احضان والديه .

عند بلوغه سن 14 سنة اي في سبعينات القرن الماضي1973 م، 1974 م كان الشاعر متتبعا لما يدور حوله في الصحراء الغربية من احداث ولكن لم يكن على دراية تامة بها وهذا نتيجة صغر سنه ويتذكر الشاعر بأنه كان يقلد طلائع المناضلين الصحراويين الاوائل حيث يتميزون بشعر طويل وعلامات تدل على انهم ثوار .

وفي سنة 1975 م بدأ اهتمام الشاعر يتبلور اكثر بقضية شعبه وأصبح يتقرب من الفروع السياسية التي تنظمها لجبهة الشعبية لتحرير الساقية الحمراء ووادي الذهب للتحسيس بقضية شعب الصحراء الغربية وخاصة فرع مدينة (انواذيبو) الموريتانية .

وفي سنة 1975 م تم انتماؤه السياسي لفروع الجبهة الشعبية لتحرير الساقية الحمراء ووادي الذهب كعضو نشط فيها وفي اواخر سنة 1978 م التحق الشاعر بمخيمات اللاجئين الصحراويين .

كان الشاعر من بين طلائع الشبان الصحراويين الاوائل الذين دخلوا جيش التحرير الشعبي الصحراوي وشارك في عدة معارك عسكرية من بينها :

ـ معركة الزاك التاريخية وهي سلسلة من مجموعة معارك متصلة .

ـ معارك ابطيح في الجنوب المغربي وشمال الصحراء الغربية .

ـ معارك "اخنيك " مسعود في الجنوب المغربي .

ـ معارك لمسيد كاملة وأشهرها المعركة التي دامت 27 يوما من الحصار للقوات المغربية .

ـ معارك جنوب المغرب اسا معركتين ، طاطا معركتين ،سيد اعمارة مرتين ، فج الريح مرتين.

ـ معركتي گـــلتة زمور الاولى والثانية .

ـ معارك رأس الخنفرة لمدة 15 يوما.

معارك افرافير ودويك ضواحي مدينة السمارة .

ـ معارك ام اغريد واوليتيس وسط الصحراء الغربية .

ـ معارك احريشة ردي في عمق الصحراء الغربية .

ـ معارك عين لحشيشش والظلوع في الشمال الغربي من الصحراء الغربية .

ـ معارك امقالا التاريخية وهنا اصيب الشاعر بجرح بليغ في الفكين كسرت على اثره فكاه ، مر الشاعر بعدة مراحل علاجية في كل من الجزائر ، ايطاليا ، بولونيا .

بعد ان تعافى الشاعر التحق بمدرسة الشهيد الشريف المخصصة لجرحى ومعطوبي الحرب لمتابعة الدراسة. كان ذلك في اواخر سنة 1985 م وكان من المتفوقين في الدراسة .

بعدها احيل الشاعر كمنتدب في القطاع المدني مثل العديد من زملائه حيث تقلد المهام التالية :

ـ أمين جهوي لاتحاد الشبيبة بولاية الداخلة من سنة 1989م الى سنة 1994م
ـ عين مديرا جهويا للثقافة بولاية الداخلة من سنة 1994 م الى سنة 1998م .
ـ عين مديرا جهويا للوظيف العمومي بولاية الداخلة سنة 2000 .

الشاعر من ضمن مجموعة الشعراء الصحراويين، له كتيب شعري يحتوي على مجموعة قصائد اطلق عليها اسم تيرس .

اشرف الشاعر على العديد من اللجان المشرفة على المسابقة الفكرية والثقافية الادبية بولاية الداخلة.

وتطرق الشاعر بوننة عبد الحي لعناصر اساسية في القصيدة، حيث يرى بأن له نظرة فيها وهي :

1ـ اختيار المضمون :حيث يكون للشاعر كامل الحرية في اختيار مضامين قصيدته، فهو يختار المضمون الذي يناسب الموضوع المراد الحديث عنه.

2 ـ اختيار العبارات : يلجأ الشاعر الى اختيار العبارات ذات الصيغة المعبرة والمضمون الجيد وهو حر فيما يختاره من عبارات تضفي على نصه جمالا وحيوية

3 ـ اسلوب العلاج : يختار الشاعر الاسلوب المثالي لمعالجة قضية معينة يريد التطرق لها بشكل مباشر اوغير مباشر .

4 ـ بناء القصيدة : يكون الشاعر ملزم باحترام قوانين القصيدة فلا يحق له الخروج عن اسلوب البناء المعتمد .

الفصل الاول الشعر الملحمي

1 ـ قصيدة دبليج الشعب

انشد الشاعر هذه القصيدة بمناسبة مهرجان الثقافة والفنون بالصحراء الغربية بولاية الداخلة سنة 2000م حيث قال :

فلحرب كيفت	دبليج [1] ذا الشعب امصــــمّ خلــــــخال [2]
خلوه زاد أو خلخــــــــــالّ	خلخال ذا الشعب أوعــمّ
كَيفان واطلـــــــــع جديـدة	ذا الشعب ينشد فبــــــليدَ
وبياظ كــــر وفكــــحالّ	فكحال بـــت امريمـــيدَ
وكيد عنـــــــو غنـالّ	غناه للمـــجد اكـــيدَ
بالدم والروح اسخــــــالّ	ماعز عنوقصـــيدَ
	دبليج ذا الشعب امصـــمّ
شي زين لو يطمئـــــــــنّ	تخليد ذا الشعب الفـنّ
فنواع لغـــــــن واشكـالّ	لكَلوب واللسن فـــنّ
ذا الشعب على اسـتبسـالّ	اباش فالشكر يهـــــنّ
والسيف هو حمـــــالّ	حمال للمجد امسـنّ
ولاعز عن مجد مـــالّ	معز جمـــــــالّ عــنّ
وركَاب مجدو يطـوالّ	اباش لجيال يغــــــنّ
فلحرب كيفت خلـــخالّ	دبليج ذا الشعب امصــمّ
خلوه زاد أو خلخـــالّ	خلخال ذا الشعب أوعـــمّ
ذا الشعب وللي يذكـــــر	البيه يســري وإيبكـــر

---

[1] . دبليج : عبارة عن رصق تضعه المرأة في يدها ويكون مرصع بالفضة .

[2] ـ خلخال : نوع من الحلي تضعه المراة في الصاق فوق الكعبين ..

129

شي زين واسمع يبـــگـال   تاريخ والفيه إيفـــــكر

معـــهود زمنـــي مـــذال   قديم فالشعب امـــكر [3]

فمجاد شعب اتــــعلالّ   يالشـــاك والكنت امنكر [4]

فالمجد وتشوف اكــــبال   اتشوف لبلح لمنـــگر [5]

ذا الشعب من منهـل نـال   واتشوف كيفاش إيصـــدر

فلحرب كيفت خلــــخالّ   دبليج ذا الشعب امصـــم

خلــوه زاد أو خلخـــال   خلخال ذا الشعب أوعـــمّ

أظهر الشاعر في هذه القصيدة قوة ثورة 20 ماي في الصحراء الغربية ودورها الرائد في إنقاذ الشعب الصحراوي من براثين الجهل والأمية والتمزيق والتفرقة، وقد بدأ الشاعر قصيدته هذه باطلالة غزلية مثله في ذلك مثل الشعراء المخضرمين الذين عايشوا الجاهلية والاسلام ليعممها كبعد ثقافي صحراوي ويربطها بماضي وحاضر الاجيال في الصحراء الغربية بدفاع مستميت عن مبادئ الشرف والايمان بوحدة الوطن والشعب .

2 ـ قصيدة عيد العشرين

من مـاي فلـعدّ حلفة [6]   هذا عيد العشـــرين حـكّ

بالفعل اعليه الحـــــلفة   وللي گالت عشـــرين دَكّ

زند العشـــرين امتين هـــند   فتبـــــارك الله زند

عـــادة فزندوحـــرفة   وسند العون وللجـــار سند

ينجد فالضـــيق ويلـفى   وقت أخناكَ الى اشـــتد

---

3 ـ امكر : مكان مشهور معروف كوكر للانسان او الحيوان .

4. لمنكر : من ينكر الحق والجميل .

5. لمنگر : عندما تتحول البلحة الى تمرة وتكون حلوة المذاق .

حلفة : لها معنين اولهما التأكيد على شي نريد فعله بنوع من التهديد وثانيهما اسم لنبات

6. معروف بكثرة في الصحراء الغربية .

حمــــال الثقل وينقصد	زندو رفــاد الكلــــفة 7
واملي شورو لا نصـــد	نادر 8 وبلا تكـــرفة 9
هذا عيد العشرين حكُ	من مـاي فلـــعدٌ حـلفة
وللي كَالت عشـرين دكُ	بالفعل اعليه الحـــلفة
زند العشـرين الما يكَظ	سمع وشأن وللشـان حظ
أشمخ فالشان ولانعـظ	فوجه لـزند ولا أكَـــف
فلخاسر لو ما يوتـــخظ	يسوَ موخــظ فخــف

3 ـ قصيدة عيد العشرين البيه شاع

عيد العشرين البيه شـاع	بيه الشائع مــــن حينو
السمعة زينة والـــذراع	مانع وامتينة عـــينو
لعدو مذالو فــــات راح	عـاد الا ماشي بجراح
واليوم الحرب اللي كَراح 10	تدمر فالوعر اسنـــينو
غير اللي شكـــر زاد بـاح	فخـــر الشعب بـعشرينو
خاض الحرب ولافـت لاح	أزرمــــل 11 وامكَـينو

في القصيدتتين 2 ، 3 تطرق الشاعر الى دور ثورة 20 ماي الرائد في تلاحم الشعب الصحراوي والعمل الجبار الذي قامت به في محاربة الجهل والأمية وحماية قيم المجتمع من الانزلاق والذوبان .

---

7. الكلفة : وتعني تحمل الصعوبات والمشاق .

8 ـ نادر يقصدر الشاعر هنا موقع ينظف ويكون صلب تدرس عليه محاصيل الشعير بواسطة اقدام الخيل او الابل

9. تكرفة : العوائق والشوائب العالقة التي تطهر بعد درس الشعير ويقول المثل الصحراوي ماخلكُ نادر مافيه تكرفة .

10. اكَراح : أي اصبح في سن البلوغ والمعنى هنا كبر واشتد .

11. الزرمل : طعم غير طبيعي للماء او اللبن بعد أخذه للشرب من القرب اوشكوة خصوصا عند ما تكون حديثة الصنع اي طعم الدباغ .

131

4 ـ قصيدة الشعب المناضل ساحل

ذا الشعب المناضل ساحــــــل	حتم اعلى لعـــــدو ينـــتصر
عاد الهم فلبلحة واحـــــــل	فالفــــم واحـل في المنـــحر
فتشعشيع 12 الموزون الهيت	وبالغـزيل 13 والبريم 14 أبديت
لمحيط 15 اللي بعد ســديت 16	نرخ فيـــه أهيـــه ونشــــمر
وقبل انشعـشع الغـــن ززيت	خـوف الطلي التحت لــــوبر
وبكّيت انذكــر بـشوييت	والا يـاسـر بيه انـــــذكر
فالتلــودِ للغـــن بديــت	أعلى بت ونحية واظــــهر
من سنـي كر الى لبــتيت	من لبتيت الى سنـي كــــر
فالوزن انفكر كـل وقيـت	ونسر فيه وفيه انـــبكــر
ونشل 17 ونجبر 18 كيف ابقيت	فالمـــوزون انشل ونجبـر
تافلويت مـــع تافلويت	فكسرَ وعكّـارب واحمـــر 19
باقي بيهم نشـكر خلخيــت	ذا الشعب الفخـلاكًي نـشكر
لعت الننتـر من حاشـيت	تشليت الشـكر انصـــدر
نعجزعن شـــكرو ما وديـت	من حق الشكر الشعب أظـفر
حـــدِي فشــكر الا فـريت	عن فم اسبع داركَ وأظـــهر
فالمدن المحتــلة ريـت	فعل الشعب من الشـكر اكـبر

: مرحلة من مراحل اعداد الوبر لصنع الخيم 12. فتشعشيع .

ـ لغزيل : صناعة وبر الماشية على شكل خيوط 13.

لبريم : تكبيب الوبر بعد ان اصبح خيوطا 14.

لمحيط : محط خيوط الوبر بمدها بين وتدين 15.

سديت : الانطلاق في صناعة الخيمة 16.

17. أنشـل : ويعني الشاعر خياطة جوانب الخيمة .

18. نجبر : بمعنى اعداد جوانب الخيمة وخياطتها على حبال تكون قاعدة لها .

ـ احمر : يقصد الشاعر تافلويت وهي من نظم القصيدة الحسانية 19,

واكثر تم اللـي فيه اعطـيت	وأمن الفيه اعط حـد اوخــر
فعل الشعب امعـگر ظنـيت	واعلى لغن والشعر اعـــبر
البر والبحــر ما گـديت	عاگـب فعل الشعب انـــعبر
ما عـند ي ماه لا تــمـيت	بعل صوت الفوگ انكــرر
ذا الشعب المناضل ساحـل	حتم اعلى لعدو ينـتـصر
عاد الهم فلبـلحة واحـــل	فالفم واحـل في المنحـر
الصمـود ابوجـه وكفـاه	يـسو گاع افكـم مـن تجـاه
بـغـزيل وابــريم وسداه	بالعـزم ولـراد َنـعبر
الصمـود بـفعل اهـل ألاه	والهيـه انـزاد اكثـر فكثـر
صوت الحـق الـيعطف رعـاه	طبع الحـق فلعـطاف إيـدر
ينـعر يكون اعل مـــولاه	صوت الحـق اعلى اهل ينـعر
حد اصـبر ظل المجـد اراه	يـراه البـيه اعـليه اصـبر
لكـلام امنين احصل معنـاه	ماشـين امنـادم يخـتصر
انا بـاقي نشـــكر والله	يـناس الا بـاقي نـــشكر
ذا لشـعب اللي عبر عـفاه	فعل اورا فعل إيـعود اخـطر
لكـشر يــهزم مـن عـداه	وظحـكة مـنو تنصر محصر
ذا الشعب المناضل ساحـل	حـتم اعلى لعدو ينـتـصر
عاد الهم فلبـلحة واحـــل	فالفم واحـل في المنحـر
ابقيـت انگّول اللحتـــلال	حـد موجـود اگـبل مـازال
معـدودين ايام وأكــــلال	عـن عهـد ولّا وانـــدثر
ما مسـموح العدل ونـگّال	من قـول ومـن فعل اسنـكر
وفذا الـــبلد لكـــلام اكبال	مـاني باقي فيـه انـكثر
غـير ابقيت اندل مـــثال	مزال وراه انهـار احمــر
مايغب دين اوراه ارجـال	من شعب اعلى حـق مّـصر

133

وبـعون مـن الله امقـرر	وأمضـح بالروح وبالمـال
حتم اعلى لعـدو ينتـصر	ذا الشعب المناضل ساحـل
فالفـم واحـل في المـنحر	عاد الـهم فلـبلحة واحـل
خـالك فيه الحق ومهـتم	والى عاد اليـوم العـالم
العالم يشـوف وينـظر	الحق وجـه فيه الـدم
مسـلم مسالم مسـعمر	ذا الشعب المسعمر مسـلم
حتم اعلى لعـدو ينتـصر	ذا الشعب المناضل ساحل
فالفـم واحـل في المنـحر	عاد الهم فلبلحة واحـل
شي شايف عن كـول مقبول	فاخر لكلام أبقيت انكـول
أنكـول نضحك ومكـشر	ماني بيه أمشي مرسـول
كـول ذاك اثر شيخصـر	كـول الحك أمكَيع مصكـول
ونذبح لو فالشـكر وننـحر	اللي نوزن لوعرظ أوطـول
الشكر ونرفد وجه الشـر	وامن أجل نشبح زاد اطبول
فالموزون ولحلّ والمـر	وانجيب اليابس والمبـلول
مـن اجل ونقدم خـبر	وانكـول الفاعل والمفعـول
حتم اعلى لعـدو ينتـصر	ذا الشعب المناضل ساحـل
فالفـم واحـل في المنـحر	عاد الهم فلبلحة واحـل

قدم الشاعر هذه القصيدة بمناسبة انتفاضة الاستقلال بالمناطق المحتلة من الصحراء الغربية ،عكف الشاعر من خلالها على صمود جماهير الشعب الصحراوي العزل واثنى عليها بماتستحقه من احترام وتقدير امام غطرسة الاحتلال المغربي .

5 ـ قصيدة ليمان وبليمان اعبرتوه

كَطعتو لعـدو فيه المـول	ليمان بليمـان اعـبرتوه

والفــول أعكّر كيف القـــول	والقول أفلغن عـــــــرتوه
وأطول فيه من أكَسر المـرد	شكر الشعب اكثر من يــنـعد
وفيه اشد من العرض الطـول	وفيه الطول من العرض اشـد
وأكثر زاد الفعل من القـــول	وأكثر فيه من الجزر المــــد
ومن العتـاد اكثر مفعـول	وكثر ليمان من العـــــــدد
ويقرر في الوقت المعمـــول	وخالط فيه الجهد مع الجـــد
تظحكلوفلهـــدة لعجـــول	ويظحك لعجول[20] الى هــد [21]
ليمان اللي ماه مقلـــــول	بخوالف ليمان ومحـــــرد
ول أدم عن قـول مســـؤول	والقول اعلى الفعل اياكــــد
فالكنت انگُول انو فضــــول	الى عاد امكذبني حــــــد
شي ظاهر ماعينّ فلگـــول	شوف العين اخير من الـرد
كَطعتو لعدو فيه المـــــول	ليمان بليــمان اعبـــــرتوه
والفعل أعكّر كيف القـــول	والقول أفلغن عـــــــرتوه
وجديلت فالثورة لجيـــال	اخراب وفشـــة لستــبسال
الصمــــود ونقطة لوصـول	وادباليج العــهد وخلخـــال
اعليه من الواقع محصـــول	تواصول من الفــعل اگبــال
ماخـــلاه الگـــول ومقبـــول	هذا من گــولّ ماني مـــــال
ماني باقي فالشـكر الطـول	فشكر انفضــــل لختـــزال
فخرها زاد ابقيت انگـــول	جبت فراس الطلعة مثـــال
وادباليج العهد والفتـــول	اخراب وفشة فالنضــــال
ليمان لينبع من عقـــــول	الشـــل ارادة لحتــــلال
لبطال اللي فيهم مفصـــول	اهل انتفاضة لـــستـــقلال

ـلعجول : ابناء البقر [20]

[21] ـ هد : بمعنى هجم .

اسمعهم بصبرهم مكفول	كان اسمعهم زين ومـــــزال
لحفول اللي هـــو لحفـول	وحفول المجد اعليـــــهم دال

تعبر هذه القصيدة عن الدور الذي لعبته انتفاضة الاستقلال في المناظق المحتلة من الصحراء الغربية ويظهر من خلالها استبسال المواطنين الصحراويين بمواجهتم لغطرسة الاحتلال المغربي بصدور عارية ،وقدم الشاعر هذه القصيدة اثناء مرور قوافل الشباب بمخيمات اللاجئين الصحراويين والمناطق المحررة .

6 ـ قصيدة اعلاه المغرب يعتقل

أبطال الشــــعب الصنـــــديد	اعلاه المغرب يعتـــــقل
وهوما فيهم ليمـــان ازيـــد	باقي فيهم ليــــمان أيكــل
أعلنو رافـــض لحتـــلال	شنهو كان الذنب الى كــــال
ماهـــو مرهون بشــرط وقيد	ذا الشعب وباقي لستقـــلال
ولا فالنـــظرة مجتـــــهيد	لكان المغرب حكــــم دال
أباش يعـــبر كيف إريـــد	إيخل للشعب المجـــال
ولغتيال الا فـــيه ازيـــد	وأمنين الفضل لعتـــقال
ونصر الشــعب من الله اكيد	صوت الحق اركًابيه اطوال

اعلاه المغرب يعتقل ...

والا من حق الشـــعب ايخـاف	الى عاد العالم شـــــفاف
شعب يعاني قهر وتـــــهديد	فالمدن المحتلة شــــاف
التعذيب من ادرس وجـــــديد	صوتٌ ينبع من تحت اصناف
أشد من الواقـع تـــــنديد	الندد بالطلعة والكــــاف
معناة الشـعب المجـــــيد	ونذكر روس أقلام من اوصاف
ويـعاني كـــم من التـــشريد	كم يعاني من لختـــطاف
ومن جـــلاد بدبـــوس أحديد	وكم اجبر فلحبس من أكتـاف

136

لبقيت انݣـول بلا خـــلاف	للعدو على وجـه التـــحـديد
حكمو شين انافي لـعـراف	وحكمي فيه أمن الحـــق ابعيد
وعن مسار السلم انحـراف	وقرب فليظهر لتصعـــــيد

اعلاه المغرب يعتقل .....

معدومة حقـوق الانسـان	والهـــدوء معـدوم ولمان
مدام اعلى المغرب سلطان	حامل سيـف الظـلم الشديد
بيه امس من امن الجيـران	وزيد الجـو اكثر تعـقـيد
وفيه الحـق فطي الكـتـمان	بسباب الحكـم المستبيد
كم اݣطـع بظلم من السـان	وݣطـع بالبـاطل كم مـن أيد
وشعب هانو بلحرب وهـــان	من شـعـب الجـيـران العديد

اعلاه المغرب يعتقل .....

نحـي فرسـان وسـيـوف	اتـــحداو امن العدو ألـوف
المحتل يـخرص ويشـوف	ابعينيه اݣريب وبعــيد
صناديد ابعـيد من الخوف	شي مـألوف من الخوف ابعيد
حمـل الكرامة بيه أوݣـوف	مشيوف على كم من صعيد

اعلاه المغرب يعتقل .....

حق الشعب اشـهود وحظـار	شي واضـح مادونو غبـار
والباقي نلفت بـيه انظـار	أهل الحـق اݣريب وبعـيد
خيار الشـعب الفات اختـار	مزال الخـيـار الوحـــيد
مشكل تـصفية لستـعـمار	ماهو تصـفية مواعـيد
وبقيت انـوضح مخ اخبار	ݣـولان للمغرب مفـيد
يݣـيس الحـل الل يندار	بـنـية وعقـل من جديد

اعلاه المغرب يعتقل .....

ضرورة للحق احتـرام بـاش	أݣـد ايعـــم الوئـام

137

الحروب اللنـفـاس اتـبـيد	والسلم اليستر شيـن اقـدام
واتـخلي شعوب	وأتشوه فـنـظرة لجسـام الواويـد[22]
اتحطـم تـشـيـد فتـشـيد	واترفد من ريظة[23] لمكّـام[24]
من محـيـط المحيط اكـيد	الحروب وتخـلـي لخـيـام
نـگـول اعلى كم من صعـيد	بدون اطـالـة فالختـام
والمغرب عنو يـكرف[25] لـيد	واقع شعب المـدون احـرام
لغة الـنـار والحـديد	والأ لاهي تـشـهد لـيـام

قدم الشاعر هذه القصيدة بمناسبة أعتقال السلطات المغربية للنشطاء الصحراويين السبع الذين زارو مخيمات الاجئين الصحراويين وركزة هذه القصيدة على :

ـ انعدام حقوق الانسان بالمغرب .

ـ قهر وظلم النظام المغربي .

ـ عدم التزام النظام المغربي بالمواثيق والقوانيين الدولية .

7ـ كيفت لعيون الداخلة

والسمارة مخـــــزونك	كيفت لعيـون الداخـلـة
فصبي اكحال اعيـونك	ديما عزتهم داخـلـة
لا تقبل مسلة ضـارتك	مجدك يالشعب ابمـاتك
والشجاعة مضـمـونك	صمودك من صـدارتك
لعيون الفم اعـيونك	والسـمارة سمـارتك

ـ الواويد : بمعنى هنا فقراء ليس لهم مأوى .[22]

ـ ريظة : تعني الارض الخضراء.[23]

[24] ـ لمكّام :عكس الرحيل وتعني الاقامة والسكينة .

[25] . ـ يكرف : يأخذ يده عن عني

138

امرك فا لله عـــــــــونك	وخبط فعدوك اعمــــارتك
واظفر فالنصر اگــرونك[26]	وارفع للنـــصر اشارتك
	كيفت لعيون الداخـــلة
نضـــالك فيه ابلا حســاب	ناضل يالشعب فكـــل باب
شيبك فلعهد أمـــــــونك	بيه اللي راسـك فيه شـاب
من مارت گلــــت هونـك	شيب فالواجب والشـــباب
حتى فســـماك اجنـــونك	جنك وجنوك فتــــــراب

ركز الشاعر في هذه القصيدة على ان وطن شعب الصحراء الغربية وطن واحد وهو ملك للشعب الصحراوي لوحده وحرض الشاعر شعبه على صيانة هذا الوطن وحمايته .

ـ اگرونك : القرون وسيلة يدافع بها الحيوان عن نفسه وتوجد بالرأس .[26]

5 ـ قصيدة الثوار

المجد اعلينا لمقلـــــــــيه	ماهي عيب انـذكركـم زاد
من شان الشعب يموت اعليـه	سمع عليه امـــوتو لجـــداد
صنـاديد مــــن لعدو جناو	الحمـــد الله اللي جـــــاو
الا شي زين اسـمعهم فيه	مايرضـــاو اذل ويـــرضاو
الهم ليمان اســلم بيـه	الى عادوا فالحبــس ابطاو
هو ليمان الرجــــع بيـه	مبدأ ليمان البيه أمـــشـــاو
سرك الغيرك لا تعطيـــــه	يغير أمــلي لاينســـاو

ماهي عيب انذكركـم زاد

عاكـُب ذا كامل من لمحاس [27]	يالرفــاق انتمــا لبــــاس
واساليب العـــدو اتفــو بيه	والتعــذيب وشدة لحـــباس
سابكّكم والحبس امهـــيه	اللي كان أمـــظي لمـــاس
وايولي لشوي امخلـــليه	ومولّ طيش وحـــكاك انحاس [28]
للشعب الكريم النـــزيه	من عزة كرامة تـــداس
اهل العهد اللي توفــو بيــه	غير اعرف عنكم باطل ساس

ماهي عيب انذكركـم زاد

6 ـ قصيدة في العيون الشعب الصنديد

للغزاة اسكّـــاها مـــرة	فالعيون الشعب الصـــنديد
فالعيون اكثر من مـــرة	وإيعيد الكـــرة من جديد
وأكثر شأن و سمعة وأقــدر	وقت الحر من النار احـــر

---

27 ـ لمحاس : مواضع الالام بالجسد
28 ـ حكاك انحاس : يبحث عن الاحقاد والمشاكل .

من فشة[29] وعگيگة [30] حـر   واسبشروأكثر واحـــــذر

واللعيـــون اظهر من بـــــر   شعب فدخلي لعيون اظهر

واظهر بيه ايـــعدل جــــر   بخوالف وايـدين ومنـــحر

قرارٌ ويعيد الكـــــــــر   ويعيد الكرّ وايقـــــــرر

فالعيون الشعب الصـــنديد

من لعيـــون أوصـلنا نبـاه   ذا الشعب الصنديد العفاه

يلالي مـــــزين ماطـــــر   خالـك شي متعدل طــراه

فالعيـون وشايع بـــــــر   ذاك اللي طـر شـاع اوراه

ومعــاه املي في الضــر   واحن فالسر زاد امعــاه

فالعيون الشعب الصـــنديد

ردد الشاعر هذه القصيدة في احدى مراحل انتفاضة الاستقلال حيث اظهر الشاعر كيف واجه المستعمر الغاشم هذا الشعب ووقف الشاعر على دور انتفاضة الاستقلال في تثوير الجماهيرودفعها الى الامام بقوة وتحدٍ .

---

29. فشة : نوع من الحلى تشتهر به المرأة الصحراوية يوضع في مقدمة الوجه.
30. اعگيگة : حلي كذلك تستخدمها النساء الصحراويات تصع من معادن نفيسة .

141

1 ـ قصيدة گولان الحگ أقبل زين

گـولان الحـگ أفــبـل زين	والزين افلكلام الـتـــشــراح
أباش أوضـاح إيوضح بـــين	الحـگ فلغن من لمـــزاح
الخـالـگ گلـناه فـبـيـان	تأسيس الجبهة قبل أعــلان
الدولة واحسبـن حسبـان	تغـيـير الواقـع بالكـــفــاح
ووگفن فالقول بالعـــران[31]	وفيه الفعل من القول اوضـاح
وكسبن فلحرب الـــرهان	وجنيـن ّ من لعدو لـــرباح
باقي هون نسول سـولان	جَواب ٌ يطلـب تگـــراح
كم الشعب آصمد من عـمان	واصمد كم من امسى وصبـاح
وكم اعطى مـن دم الغلـيـان	وكم الشعب اعط من لـــرواح
وكم اكحالولو مـن مرحـان	وكم من مـال اعلى الشعب انجـاح
ورفد كم من جراح وصـــان	سمـع المجد أبكم من جـراح
وكم اصبر مـن برد وحمـان	وأصبركم من ايـــام اشحـاح
دم الشعب أشـلي گطـران	عميقة فشعب الجـــراح
بيـن اضروس العدو ونيبان	خطـة سياسة لجـتـيـاح
ولف الحـــرب مع دوران	السياسات المـــاه أملاح
فطريق امن الشـوك أمـلان	وأكثر فيه من اسگم لفجـــاح
انگول على شـفة والسـان	شي شايف عنو گـــول بـاح
صعب على الذاكـرة نسـيان	واقـع من للام والفـــراح

ـلعران : واحدة من الطرق المتبعة للتحكم في لابل خاصة اثناء اعدادها للنحر وتتمثّل في تثبتها با لحبال وشد رقبتها الى الخلف. [31]

ابقيت انـاكد للعـــــدوان	عن حليف الشـعب النـجاح
عاد اليوم اكـثرلو مـن كـان	واثقف وأطـور سـلاح
وباش انزاد فصـدرو ليـمان	وجه عـن كـان أباش افـلاح
وظو المجد من الظـلمة بان	فمراويـح الشعب ولـسـراح
والصعيب من الظرف أهـوان	وخبر عاد الشـعب افلكـبـاح
واصل فالنصر ابـعد مكـان	بكبر سياسة لنفـــتاح
ودم بيه امشـيد كيـان	أدفـاه وظل فيــه ارتـاح
وجه بيه ومكفــاه أزيـان	واطـوالت ركبت بيه امـراح
گولان الحـلـك أفـبـل زين	والزين افلكـلام التـشراح
أباش أوضـاح إيـوضح بين	الحـلك فلغن مـن لمـزاح
الكفاح أبديناه اگـبـيـل	للواقـع بـديل
افظرف أولالو مستحـيـل	ماهـو كيفت ذرك أبـد راح
ما نبغي ندخل تفاصـيـل	بين الدلفيـن امع التـمـساح
لبقيت انگـول اكـلام اگـليـل	وأنـشوف فلكـلام أقـتراح
ضرورة من واقـع رحيـل	لمگـام اعلى اظهرماهـو صـاح
ولا ينگاس الحـلك بلخـتيـل	لوراه العكـبة ما ستـراح
لمبهلل يفهم والعقـيـل	وأمـن أطلع يفهم وللي طـاح
عن حمل المصير اتقـيـل	ولاهو لعب ولا فـيه اسـماح
گولان الحـلك أفـبـل زين	والزين افلكـلام التـشـراح
أباش واضـح يوضـح بين	الحـلك فلغن من لمـزاح
حد اليوم أيـشوف العـالـم	ونـوع الظلـم ونـزيف الـدم
ورغم اللي واق،،ع من لـلـم	لعاد إيـخمـم ما يـرتـاح
والمصير ويـحسب بالكـم	والنوع اليـثبتلو نـجاح
وللسلام وللحـرب إيـلم	أكثـر فالشـاشة أح مـن أح

143

ويوخذ بين الكـسر والضـــم   موخــــــذ لاعجلة كبل اصـــلاح

ويعس من عسـل فيه الســم   عـــذر السياسة ما يـــوضاح

گولان الحك أفــــبل زين

ركز الشاعر في هذه القصيدة على دور المؤتمر التأسيسي الاول للجبهة الشعبية لتحرير الساقية الحمراء ووالذهب سنة 1973 م في اعلان الكفاح المسلح ضدالمستعمر ومعاناة الاجئين الصحراوين اثناء نزوحهم من مناطقهم الاصلية الى مخيمات الاجئين الصحراويين .

2ـ قصيدة كنّ شجعان ومزلنا

والدليل أعلـن شجـــــــعان	كن شجـــــــعان ومزلـــــن
حتى عـينـينا فيه أمتـان	اطويلٌ فلحـرب ارجلـــــنا
لعاد السلام فحــــــدود	السلام اعطيناه الـــــكّود[32]
واخلقـن للسلم المكـــــان	مقبولة ودبـرنا [33]مجهـــود
بالسلم ولايق باجـــيران	والزمان الكفيل إيعـــــود
واعطــينا للعالم بـــرهان	وأدلتنا فسلم فسلم اشهـــود
وبأطمنان يـعيش لينــسان	رغبة مـنا فسلم إيـــــسود
محتـرم ودم مصـــــان	ماهو مهان يـعيش فجــود
باب السلم وحد كـــــولان	غير الى عاد اللي مسـدود
من هون المنهون العـدوان	فوات اوان وبيه اتـــــلود
وانگـــوم فلحـرب بلعـران	احن زاد احرش من گـنفود
	كن شجـــــــعان ومزلـن

قال الشاعر هذه القصيدة بمناسبة وضوح استراتيجية المجتمع الدولي في الصحراء الغربية القاضية بأعطاء الشعب الصحراوي حقه في تقرير المصير من خلال اجراء استفتاء حر ونزيه .

ومن خلال مسلسل السلام هذا اتضحت نوايا النظام التوسعي في المغرب الخفية وعدم انصياعه للحقيقة وتبرز من خلال قراءة متأنية لهذه القصيدة ثلاثة افكار اساسية وهي :

ـ فشل مسلسل السلام الاممي في الصحراء الغربية بعد عملية تحديد الهوية .

ـ تعامل الصحراويين بشفافية صادقة مع هذا المسلسل .

ـ الگّود : السير في اتجاه محدد وهي طرق معتمدة للتحكم في التجاه السير واتجاه الحيوان وخاصة الابل [32]

ـ الدبرنا : بمعنى بذلنا [33]

145

ـ تعنت النظام المغربي وعدم انصياعة للقرارات الدولية .

3 ـ قصيدة الوحدة الوطنية :

اكَبيل أورّ كــم من دلـيـــــل	مضمون الوحدة فات انكَـــــال
ينكَال الكَــط انـكَال اكَبيل	وايكَد اذريك الا مـــــزال
سمع الشعب وللدولة شـــأن	الوحدة ياقوت ومرجـــــان
مجد الشعب الما فيه اجمـيل	عظيم وهـــي تويـتـــان 34
وأمن اجل لبـــريم ولغـزيل	واللي لغزيل امن اجل كـــان
لمن اجل لبــريم ولفتـيل	والحل والعكَيد وعـــودان
عنها ماجات ابذيك الحـيل	الوحدة ونكــرر كَـــولان
وصبر الشعب اعلى طول الميل	لمر البيه الجبرت ليــمان
ماني حشمان بصوت ارجـيل	وانكَول اعلى شفة والســان
واللي زين اعليـه ونبـيل	الشين اعلى الشـعب النـسيان
للوحدة بالشـكر الجـزيل	إرد الجمـــيل ابـلـحـسان
بلسـان ويحمد للجلـــيل	ذا الشعب ويـحمد للمـنـان
من فضـل الجلـيل الجمـيل	الجميل العنـدّ كيـــــان

مضمون الوحدة فات انكَال

قدم الشاعر هذه القصيدة بمناسبة تخليد ذكرى عيد الوحدة الوطنية وتطرق من خلالها الى دور الوحدة الوطنية الذي حدده في ثلاثة اهداف رائسية وهي :

ـ اعتبار الوحدة الوطنية هي الاطار الذي يكفل لملمة شمل الصحراويين أنما حلو ورتحلو .

ـ اعتبار الوحدة الوطنية اداة الانتصار وتحقيق الاهداف الوطنية .

---

34 ـ توبتان : معنى تدبير احتمالات اسباب القوة .

146

ـ يوكد الشاعر على ضرورة صيانة الوحدة الوطنية والمحافظة عليها كمكسب تاريخي.

4 ـ قصيدة الوحدة هي راس المال

الوحـــدة هي راس المـــال	والربح وهي لسـتـثمار
وهي ثوب الشـعب اللي دال	اليلـبس فوجـه لستـعمار
يصبح فدفاه الشعب وظــل	وبرم فيـه وسدّ وغـــزل
وجرى فيه الشعب وهنـكّل 35	واخبط لبـليدة وأكسـار
أجن ثمـار النصر اعـــسل	عاكّب لمــرار أجن ثمار
لنتصار على فـرد أرجـــل 36	واجبن مطـرح لنتـصار
واشبر واذرع فالنـصر وشل	وعاد النصر أكـثر من لعبار
فدف حَمّار أكـبير وظـــل	فيه أتـرَ معانـي واسـرار

الوحدة هي راس المال

كّبل الوحـدة معـروف الكان	عند الشـعب ايام وزمــان
كان أيكّـيم ويرحـــل فركّان	مـاه فعينين الناس اكـبار
ولا عنـدٌ فالعــالم مكــان	ولامعـترفٌ بالشـعب اقطار
غير أمنين انسمـكـو بـيان	الوحـدة ووأسـس لطـار
مر امـرارٌ للعـالم بـــان	عـناّ زاد اسمـكنا حَمّـازْ
واجبار وظـهرّ وازريـــان	مـن ليمان وظهر وجـبار
وشوف العين أوضح من گولان	حــد ايرد اعلـى حـد اخبار

الوحـــدة هي رأس المـــال

حكـــم الشعب ايـتم امصـمم	كيــفـت كـان الشعب وملـتم

ـ هنكّل : يمشي بسرعة محدودة 35

36 ـ فرد ارجل :على جناح السرعة .

147

المجـــد الفات الشـعب اختار   اعلى ساق العهـد وقــدم

سـم العـدو أفعسـل يـقـرار   وايعس من اعسل فـيه السـم

ومضـمون الكـلام اليـنـدار   من لكلام انكــول المــهم

الوحـــدة هي رأس المـــال

5 ـ قصيدة منوال السلام اكذاش :

منوال فمنـــوال الكـــلام   منوال السلام أكـــذاش

التـــنباش فبـلد السـلام   عندي عنـو مكان اعـلاش

وتعاملنا بوضوح امعـــاه   مشروع السلام اقـــبلناه

فالمشروع بكل احتـــرام   واللي يعنينا عدلنـــاه

كفيل بمـــبدأ لحتـرام   لكان المشروع المـــزاه

واجرينا فالسـلم الگـدام   فسلام الجهـد ادبــرناه 37

لجل السلم أرخينا لحـــزام   وحزام الكفاح الرخــيناه

واصبرنا بعدو عـام فـــعام   وعام من الكذب اصبرناه

فيها تجاه السلم اعظـــام   يغير المغـــرب نـــوياه

لعاد بسلم أوخر يـــنـــسام   وحنا ذاك السلم ارفضناه

منوال السلام اكـــذاش

قدم الشاعر هذه القصيدة في الاطار الذي وصل اليه مخطط السلام في الصحراء الغربية والعقبات التي تواجهه وركز من خلالها على النية الحسنة لدي الصحراويين اتجاه هذا المخطط في الوقت الذى يذهب فيه النظام التوسعي في المغرب الى اظهار نوايا مبيتة وعلى رأسها فكرة الحكم الذاتي الموسع الذي عبر عنه الشاعر بالقول

(احنا ذاك السلم ارفضناه) ويرى الشاعر بأن كل المعطيات اصبحت تشير الى امكانية الرجوع للكفاح المسلح بدل السلام .

---

37. ادبرناه : بمعنى بذلناه وعطيناه .

6 ـ قصيدة ذا الشعب الماهو مولّ طيش

ذا الشعب الماهو مولّ طيش	ما ينشاف اعليه الى دار
حق مشروع أمن اجل اعيشٌ	كيف الشعوب وشعب احرار
فلحرب اعطينا فلــــذات	لكبود وعشنا معانـــاة
واقع فيه امجلج 38 لمـبات	ونهارٌ كـيفت ليلّ حـار
حر الواقع من تحت الهـــات	اكـرب جار اعلينا نحن جـار
مــن لرض اتصـــب الدبابات	وأمن الجو يصب الطيــار
وصمت عار افجبين أبكّات	التاريخ وللــعـالم عـــار
كــون أنو باطـل محلــولات	عينيه وركـد جفن ابـصار
عن شعب ايمصوه الغـــزاة	من كـيفن دفلو لستـعمار
بـختصار النقصـد بالـذات	وبقيت نوضح بـختصار
ثار الشـعب امـــن أجل الحياة	والمنظور اللي منـو ثـار
ضد الظلـم الشـعب ودعاة	للسلم ولّمـنْ والسـتـقرار

ذا الشعب الماهو مول طيش

ركز الشاعر في هذه القصيدة على اصرار الشعب الصحراوي على تقديم الغالي والنفيس من اجل استقلاله ، في الوقت الذي بقى فيه العالم متفرجا على معاناة الصحراويين ،حيث لم يقوم بدور رادع للغزو المغربي .

---

38 ـ مجلج : غير مريح .

7 ـ قصيدة الثقافة

واخبار الشعب ازين لخبار	لخبــــار الا بالتـــطروح
ماكــال اح الشعب وصبار	يصبح وعليه الليل ايروح
أفقرون امضاة وزمـــــان	حياة الشعب اليعرف كـان
ماهي عيب ولا وصمة عـار	حياة الشعب على ارضٌ شـان
فالجورة يعرف حـق الجار	يوفي بالعهد ومول امـــــان
يرفد ما يحـــركُ زرب الدار	شعب اكريم وطبع لحـسان
واللا بالشـــين الها يـنشار	لعل لوسمعة تــــشيان
حضـارة معـــالم وثـار	صان العرف والخلاق وصان
وحرث اگرار فموسم لمـطار	تنمية في الصحراء حيـوان
اللي بـــيه انتقشت لحـجار	واجهيرت فصـحراء حسيان
تـــنزل زدف أربيعٌ نــوار	وكانت فـــيه الحلة فركـان
فيه ارزنات انيـاً اعـشار	زرع أمن الفـولة والكَـحوان
وأحـورات اخـلاقَة وحـوار	ونـياً اشوايـل فـم ارزان
مستزركٌ لحـوار فلحـمار	ماهو سـماع ازركَ حـنان
فـيه اخيام من الغزل اكبـار	وذاك الهيـه افريكُ اهل فلان
لهـل أفـلان البارح خـطار	كَـال امـنادم راحو بجوان
بـنيات اطـراو الهيه ونـار	ذكرٌ كسب أكبير وعـزبان
فزدف ومـدول مـن الحـبار	ومن الوحش اجليبة غـزلان
أمدخــن سلاحــو وروار	وذكر حـد يصـيد عجـلان
يـنظر فتـيلة كَـوف امهار	يدفع هاك ويمشـي حـدبان

لخبــــار الا بالتطروح

ولاهو مشـــتاكُ أبـد راح	كـان الشعب ايخلد لفـــراح

150

بنوع من الــبذخ ولوصـــاح   فوك اعبار إيشيط لعبار

ولاهي من هون الكم توضـــاع   طريق الشعب الفات اختــار

كان الشعب اللغـــنم ذبـــاح   افلفراح وللـــبل نـــحار

ويبني خيمة رك 39 أفلمـــراح   شوفتها تـــبري من لعوار

فـــيها رزام امڱـنڱل بـــاح   تسمع حسو من مشي انـــهار

وأمرا بـــشور اعلى تطـــراح   تخبط البلـــيدة وأكـــسار

وتركة تـلعـــب دبلة وراح   وطافـــلات وتركة حظار

وكوم اتلز اعلى اجمال اصحاح   سوفاها شـــافت زرك احجار

لصفرار وشـــافت تـشباح   بنـــد احذاه اعليات اكبار

وطافلات فـــقدر اتـبلاح   لصفرار يـبـــنو لوزار

لخبار الا بالتطروح

وكنت أتـــر فـفريڱ اعلـــيات   فبلد فـتويزة مجتـــمعات

وأمنين اتجيهم تحصل شـــاة   الـــزركڱة فبلـدها تـندار

ماهـــي رد ولا روايات   ومـــاهي قضيـة سمسار

الزركڱة عـــادة والعـــادات   للشعب افمحـــل اعتـــبار

لخبار الا بالتطروح

ســـابڱ لذان افثلث الليل   التالي تسمع لجبت جـــيل

يـڱر صورة من حزب اطويل   بقـــباد اعلى مـتن اعبار

الفجر وتسـمع تراتيل   القرآن اعلى ظـــو النـار

فوقت أيـــعود البرد أيشيل   ماهو محمـــول البرد وحـــار

وذاك الوقت الثـــوب اڱليل   حتى وأڱلـــيل لستـــقرار

غير الا خالڱ جـــيل اصيل   بخلاق وابسـمع ومبـــار

---

39 . خيمة رك : خيمة تقام في للمناسبات الاجتماعية خاصة اثناء حفلة الزفاف .

لخبار الا بالتطروح

مـــــورثة مـــن باب الجـــهاد	اليـــوم اعلينــا حفـظ امـجاد
امنـــادم فـــــرط فـــيها عار	تركـــــوها لجـــداد الـــولاد
والـعيب اعلى البـــاݣي فـدار	واليوم الفـدار احـــــــن زاد

لخبار الا بالتـــطروح

تعبر هذه القصيدة عن بعض مظاهر الثقافة في المجتمع الصحراوي وتركز على حياة الحل والترحال التي عرفها الشعب الصحراوي ومايصاحب ذلك من قيم وحكايات ونوادر اجتماعية كتربية المواشي ومظاهر الصيد وترتيل القرآن الكريم والذود عن حياض الوطن والتعاون والتكاتف وكرم الضيافة وكلها عادات من قيم المجتمع .

152

8 ـ قصيدة ما لازم حد يحل احزام

الكفـــاح من اجـــل	مالازم حـــد إحـل احـــزام التـــحرير
وشـــوف العين امن الرد	بيه الفعل اوضح من لكـــلام اخـير
وبقلـب يحســـن	حـــد اليوم ابعـــينه إشـــوف تصـــروف
يـــتأمل فالظـــرف	واقع مســـــتدرك من ظـــروف العســـير
باش الظـــرف الڤدام	ألا لعل مـــا معـــــروف أيـــسير
الا باقي للظـــرف	ماه أنـــو هـــذا تخـــــوف أنـــشير
ولا يقبـل مـــن حد	عنو بالمخـــاطر محفـوف التــبرير
والحـــذر ويطلـــب	يطلـب ياسر من الوقـــوف تـفكـير
محـــاط أبـــجملة	مبروم[40] ومغزول[41] ومنشـوف[42]
بالحـــنكة	تـــدابير[43] الفكر المن جَم مغـــروف[44] وبـزين التـــــسيير
لا يخلّك فالـواجـب	هذا كـــامل معـــناه وتوف تـقصير

---

[40] ـ مبروم : اي مفتول .
[41] ـ مغزول : موضوع على شكل خيوظ
[42] ـ منشوف : منسق ومصفي .
[43] ـ تدابير : احتياطات
[44] ـ مغروف : مأخوذ من منبعه الاصلي

فأيدت الملك التـــصــــروف   والواجب ملك الجمـــــاهير

ما لازم حد يحل احزام

ركز الشاعر في هذه القصيدة على تمسك الجماهير الصحراوية بقضيتها الوطنية العادلة وصعوبة الظرف الذي تمر به الشئ الذي يدعوها للحذر وتحويل كل حدث الى انتصار جديد

9 ـ قصيدة صمود الشعب

نصرو عام فعـام ورا عـــام	فمـنـين الشـعب افظل يظـل
احزام بـيه الاول كـــــام	فالنصر أمكـام أكـد احـل
محتوم وحتم تــواجـــود	تكريس أفذا الظرف المجهود
أفذ الظرف اتكـزو لحـزام	ضرورة ولا منــكم جـود
طبع الحـــر ابوعد يلـتام	لا تعط فيه الحـــد الكّود
في الواقع وإطـولو الـيام	يعمـل تتمحلى دار أشـود 45
والعزم ومبـــدأ للـتحام	موقفكم من ذاك الصمود
فالصمـود ومنـكم ليـمان	منكم فيه المأمــوم إعـود
بأن الفعل أوضــح من لكـلام	حفظ العهد وليمـان أشـهود
لستـقلال النزيه الـتـام	شرط الكل اكّبيل المقصـود
الرحيل البـعدّ لمكـــام 46	مؤعـود وهـو سروجـود

تعبر هذه القصيدة عن ضرورة التحلي بطول النفس في حرب التحرير الوطني وما يلازم ذلك من تحدي وصمود امام المصاعب المرتقبة .

---

45 ـ أشود : المكان المرتفع .
46 ـ مكّام : الاقامة وهو عكس الرحيل

10 ـ قصيدة الترحاب

الكم نختير أنكـول حار	الترحاب الزين فلبتيت
الكــم نــتقدم باعــتذار	يالخطار ودونٌ لجـيت
انجـيب الترحاب اليـندار	عني بعـد الا ما كـديت
كيفت به اترحب فـئات	الرحب بمجيكم مـرات
الترحيب اعلى متن اعبار	الشعب وتنـشد عبـارات
اترحب بمجـيكم لكـبار	اصغار اترحب كيفت رات
انهار ازيـن من كل انهار	وعاد انهار امجـيكم بالذات

الترحاب الـزين فلبـتيت

كَد الـريثِ مـن لعـتقال	أنرحب بكم فنــضال
وكـد الذقت من طعم امـرار	والواجــهتو من لحـتلال
افسياسة خلـف الســتار	وكَد الشفت من قمع اكَـبال
فالجـورة تجـهل حق الجـار	وكد الريتو من ناس اثـقال
لحـتلال اللي بكـم ضـار	والشفتُ من شين افـعال
والعـزم اعلى فرض الخيار	وكَد الفيكم مـن لستـبسال

الترحاب الـزين فلبـتيت

ومـن بعيد اشكـال الرحيب	انرحب بيـكم من قريب
اللـي مقسم بالجـدار	ترحيب الـوطن السلـيب
الحـل أفمرحلت انـتظار	انـتظار افواقع صعـيب
وأكثر من عيب احرام وعار	وذاك ايعود اعلى العالم عيب
مزال إيـعاني لستـعمار	كون أن الوطـن الحبيب
والتخريب وعرضة لـثـار	خيرات عرضـة للتهـريب

155

الترحـــاب الزين أفلــــبتيت

ترحيب الحـق التحـت أعـلام	الرحب بكـم بالـــــدوام
للظلام ومـــــن واقـع ثـار	شعب أعظيم ارفض لستسلام
حق التصـــرف بالقـــرار	كيفت شفـتٌ حامل زمـــام
قادر فالحــرب وفالحـوار	اعلى حق أرفض لنضـــمام
وابقيـت اللخـص بختصار	خلاصة لمـــر فـذا المقـام
للعــالم عنَ شعب أحـرار	أتوضـــح مـزالت لـيام
ماهو من باب أنـكم خطـار	يلخطار ومسـك الخـتام
وأجمـل دواعي لفـــتخار	أنَ كان أمجـيكم وسـام

الترحــاب الـــزين أفلـبتيت

أمعــاكم وأمع صبر اصحاب	مضامن من عمـق الترحاب
ذا الوقـت وصحـتهم تنـهار	فالسجون أيخوض أضـراب
وإزالة عن شعب الحصـــار	ماه أعلى عار من أجل اتراب
للنـــاس الغـياب وحضـار	وهون أبقيت أنكول أفذ البـاب
ولابـد للعدو أمـــن انـهار	العـــدو ابعيد من الصـواب
وفيه أخـبار أكثر من لخـبار	فيه أحساب أكبر من لحساب

الترحــــاب الزين أفلـبتيت

أعلى العهد انجـدد لجمـاع	البعد الترحاب الـــــوداع
الصحراء بـر ولا بـحار	وأنجدد كلـــــمة ما تنبـاع
مـا تـتبايع فيها تـــجار	والخيرات اللي فيها گـــاع
والهـــوية مـــن لنـــدثار	وحفظ العـادة مـن لبـتـلاع

الترحــــاب الزين أفلـبتيت

156

هذه القصيدة تعبر عن ترحيب الشاعر بالمناضلين القادمين من الارض المحتلة أثناء زيارتهم لمخيمات اللاجئين الصحراوين ويظهر هنا التأثير النفسي البالغ بوضعية هؤلاء ومن خلالهم جميع المواطنين الصحراويين القابعين تحت سيطرة الاحتلال المغربي .

الفصل الثالث الموعظة والراء

1 ـ قصيدة الما يسمع كون بوذنيه

الما يسـمع كــون بوذنيه	أمـــع وذنيـه أرد الــبال
گدامـــو ســوال أحانـيه	ولا معروف أمنين الســوال
حد اليوم أظـهـر لو متاع	لدنيا وشـرى فـيه وبـاع
وعـدل فيه من الرزق انـواع	الربح وعدل راس المـــال
وأطوالو رجلـيه فلطمـاع	وزند زاد أفلطمـاع أطــوال
يسـوا يذكر عنو مـــاع	شور المال وعن واقـع مـال
أبش ماهـو دال أبـدا گـاع	أنگـول أنــذكر مـاهُ دال
حد اليوم أعيش الصـراع	يگـبظ مـال ويـرخي لمـال

الما يسمع كون بوذنيه

حد أگـبظ يالناس أفشـعبان	وأگـبظ فلعيد ورمضـان
وأفلافطار ألا يگـبظ كـان	وافلگـصار أملـي محتـال
اللـگبيظ و لا هو حشـمان	أزيـد وينگـص فلمكيال
يتمنى من عـند السبحـان	كـون أتم الگـمرَ هــلال
ومنين اعليه الظـو ايبان	دون الشـمس أدير أغربـال

الما يسمع كون بوذنيه

حـد اليـوم ألـود لسباب	الرزق وللـرزق استجـاب
مصـابُ عن ذا كامل صاب	كيــفت عنو صابُ رجـال
فالميدان وللعهد اصحـاب	وفيّـيّن بطموح أجـيال
ما ينكاسُ بالطيش أصعـاب	وقــت الـثقل اعلى حد اثقال

158

يسكت والحـــكّ الا يـنـگال	هذا حـكّ ولحظر ما صاب
خاطـــي ما سامـح به الحــــال	لعلى يحسب حد احسـاب
	المـا يسمع كون بوذنيه

تعبر هذه القصيدة عن التمسك بالقيم والعادات الصحراوية الاصيلة ، ومحاربة المظاهر المشينة ورذائل الامور .

2 ـ قصيدة التوسل الى الله

مانـــي طامــع فلي خـاطيه	أنا عـبـد الجـواد الـزاد
والله أكـبيرَ كـرشي فـيه	أصغيرَ كـرشي فلعبـاد
العزيز الحـي الجبار	مانرجـى يكـون القهـار
مول الكون المتحكم فيــه	القيوم النـافع والضــــار
القهــار الرزق ادرَ بـيه	الرزق أدرَ بـيه والعمـــار
اللعمار الرزق ويعطـــيه	وهـو زاد العـنـد ينـدار
القهــار انـا طامــع فيه	ولخبـار الاهـي لخبــار
والعقـيار الي نحظر فيـه	لفكاكة يالله مـن النــار
عمري عني والذنب أمحـيه	وذنبـي يمحيه ولا يــگسار
حتى فخـرتي ما نبــقيه	ولا نجبر فدنـيا لمـرار
	أنا عـبــد الجـواد الـزاد
الجميل المـا لــو مثيــل	ولا نرجَ يكـون الجليـل
الجلـيل الوجـه الوجيــه	المالو مـثـيل الجلـيل
واللي فلكّلب يراعـي فيــه	اللي ما ينگـاس بلخـتـيل[47]
وذريك أملـي طامـع فيه	انا طامـع فيه من أكبيل

ــــــــــــــــــــــــــــ

[47] ـ لختيل : البحث عن شئ ما يتستر.

أنا عبـــــد الجـــواد الــــزاد

طالب ربي يـــعطيني مـــال	ياسر باسط من رزق احـــلال
معطيــلي من رزق الجلال	الجـــلال الديما يعطـــــيه
ماني جاحد عن ربي حــــال	والله الحـــال يراعي فيـــــه
ألا كان اعلى الل لكمـــــال	والا مزال الكان أعلـــــــيه

أنا عبـــــد الجـــواد الــــزاد

مانطمــــع ماهـــو فلقـــدير	اللي بيـــدو لمـــور اتـــسير
وداير عندو يسـر وتيـــسير	وداير خيرُ إيـدوم الي فــيه
ولا نجبر يكون الفيه الخير الخير ايـواسيــــه	واللي فيه

انا عبـــــد الجـــواد الــــزاد

ولا نطمـــع ماهـــو فصمد	الصمـــد الواحـــد لحـــــد
الصمد الوحـــــــيد أيكَّد	يكتل زاد العبد ويحـــــــــيه
وخــــيرو يعطيه أ بلا عدد	للعبد أمنين أتل يعطــــــــيه
وانا عبد من اعبـــيدُ بـــعد	وغلظ العـــبد ألا مـن عربيه

أنا عبـــــد الجـــواد الــــزاد

يا ليـــلاه الحي المعـــبود	يالي ماعـــــــندي عنك لـــود
يالي قادر بالجود أتجـــود	من جـــودك جود اعلـيا به
جودك تعطيه أبلا حـــدود	موجود الجـــــود انتا تـعطيه
أنا كفي شـــورك ممدوك	للجـــود وجـــودك فاصل فيه
أعطيني جودك لين أنـعود	نرفد فالجـــــــود ونطرح فـيه

أنا عبـــــد الجـــواد الـــزاد

كون من الليلو عاد اعـوام	كيفت شي يطـرا لي تـورام

160

وعنـــدِ زر انحـــس أبـــش فيه	وقداج [48]مع وجع أعظـــام
أكثر فحلام الگَلب اتجيـــــه	أنحـــس بگلـــبي فيه ألام
اشلاهِ هـــذا ينـــفـــع فـيه	غير منـــين الرد التخمـــام
مذالو گَبـــلي عـــالم بـه	نجبر عـــالم به الگَسام
والتورام الفـــيَ يــــبريه	وإداوي لعظام بشهي هـام
والگَلب الگَسام يـــداويه	والزر يـــداويه بتـــمام
أنا عبـــد الجـــواد الـــزاد	

يتوسل الشاعر من خلال هذه القصيدة الى الخالق عز وجل من اجل التمسك
بطريق الخير والصواب .

3 ـ قصيدة گد الصام وصلى من حد

أمـــن أمـــةِ محمـــد لل	گُد الصـــام وصلى من حـــد
فأبـــواب من الخير أمحلة	يفتحلي لي بالفـــرحة لعگَد
ووجـــه ميـــكائل	اموجـــه جـــبريل للمولَ
فكبود أنـــشـــاف ومبلة	ووجـــه مـــن ينفق فسبـــيل
والكـــامل محمـــد خلَ	وجه محـــمد بتـــفصـــيل
للقرآن فكم من حلَ	وگَـــد الرتل من تـــراتيل
والصام من انهار وصـــل	وگَد الصلـــى من ليل اطـــويل
والكـــرة تصلـــح والشل	يصلح لي لبـــريم ولغـــزيل
والخـــير الماه اعلى گَـــلة	بدنيا والدين الاصـــيل
سنـــوات وشـــهرة هلة	ويـــبـــطيني عـــن ازرائل
گد الصـــام وصلى من حـــد	

ـــ أقداج : حالة كسل [48].

161

أمجــــه لله الرســـول	أفضـل نبي الامـة مرسول
أوجه محمـد عرظ وطـول	بــــيه أنا متـــوجه لله
يغفر ذنوبي فعـل وقـول	والزل الســاني مـن زلة
كد الصــام وصـــلى من حــد	
ومجه للحـي القديــر	وجــه طلــحة والزبير
لانختير يكـــون الخيــرَ	فخلاكي والرالو غــلة
ويعود اليـانَ فـيه الخير	لكـثـير الما يضــمحلة
كد الصــام وصـــلى من حــد	

يتوسل الشاعر في هذه القصيدة الى الخالق سبحانه وتعالى طمعا وخوفا منه .

4 ـ قصيدة أحسن يالله المكتوبة

أحــــسن يالله المكتــوبة	ولفكاكَ يالله مــن النـار
ذي ماهي هي لعكـــوبة	لعكـــوبة زاد الذيك الدار
يالعكّل البيت الكنت اتجيـه	ما عمرك محال أتجوليـه
عدت اليـوم الى خظت أعليه	مانك مثكّث رمشـة مـار
أهـل البيـت ألا ماهم فيه	ومـن مرياهم كاسر لظفـار
لمجيلو عـاد الحاصـل فـيه	بكيكَ يالعكّـل اعلى لـثار
ودمعك ماهو مسخسر فيـه	لعاد الدمـــع وراه أجبـار
أهـل البيت اللي كانو فـيه	يالعكّل ابكيلك كـل لنـهار

تطرق الشاعر في هذه القصيدة الى مشاعر قوية تربطه مع احباء فقدهم في مكان دأب على المجي له ويتذكر الشاعر بحسرة شديدة عدم قدرته على زيارة مكان هذا لبيت الذي كانت تربطه بأهله علاقات حميمة .

162

5 ـ قصيدة يالله العون الاعونك

يالله العون ألا عـونك	يارب الشـيب والشــــبة
ما عندي سبة مـن دونك	ماعندي مـــــن دونك سبة
أنت هو مالك لسـبـاب	التنــفع تـبري دون احجاب
ونت هو مفتاح ابـواب	لسـباب الهـــبة ودبــة
وانت زاد الفيدك دولاب	اسباب الطلــبة والطبة

يالله العـــــون ألا عـــونك

والطـف بيانا يالطيــــف	وكتن عني عبـدك وضـعيف
ولا عندي من دونك تصريف	وضعيف اعلا أنكبب كـــبة

تظهر هنا قوة الانبهار العقلي امام قدرة الخالق سبحانه وتعالى فهو ملك كل الاسباب يحي ويميت ويعطي ويأخذ .

6 ـ قصيدة اللي ذا خيرو وخميرو

اللي ذا خيرك وخمـــيرك	نشـهد لك بيـــه ونـشهد لك
ياللي عاطـيني مـن خيرك	والحاكـم عنـي من عـدلك
واللـــه الا حــامد للــه	اللي عاطـيني مـن معطاه
ياسـر ما ينـعد ورعـاه	فضلو واعلـيا نحمد لـو
ذاك الراي فضلو ودفـاه	أدفـاه وظلـو من فضلـو
نشـهد لـو بلحمـد لله	اللـــه أبحمـد نـشـهدلو

اللي ذا خــــير وخمــيرو

وأصـل انا حامـد للجـواد	اللي غانـني عن لعبـاد
وحامد لو لعطاني لـولاد	وعطاني ياسـر من فضلـو
وعلى معطاه الـيانا زاد	شــاكر لله وحامـد لـو

163

7 ـ قصيدة أصل انا حامد للجواد

كَّد اللي خلق من كَـــطرة	أصـــل أنا حامـــد للجـــواد
والخلق من حصــي وحـجـرة	والخلـق مـــن حـي وجمـاد
كَد الخلـــق من كـــائن حـي	لله الحمـدّ مـــــاه أشـــوي
ومن عكَّد [51] وكُّرار [52] وصدرَ	ومن اذراع وعكلة [49] وكدئَ [50]
ومـن أمكب [55] وسـهب وفدرة [56]	ومن أزمول [53] وشلخة [54] وودي
	أصـــل أنا حامـــد للجواد
كَّد القسماه مـن النـجـوم	أصـل أنا حامـــد للقيــــوم
والخلق من بــــرد وحمان	وكَد الخلق من ليــل ويـــوم
وكَد الخلق من ينس وجـان	والخلق من وركَّـــة فكَّـــوم [57]

8 ـ حروف الغلظ الما يكَظ

عـــن شي صـالح فتواهَ	حروف اغلظ المـــا يكَظ
لحـــروف ولا فكَّفـاها	وأبدأ فوجـها ما اتعـــظ
فالصالح كَّطعت كل مـيل	عين فلحروف أبلا أمـثيل
أفشي صالح مـــداها	العين وتم الا أطــــويل

---

49. عكلة : كثبان رملية .
50. كَدية : مرتفع
51. اعكَّد : غابات
52. اكَرار: موقع به نبتات كثيفة
53. أزمول : مرتفعات
54. شلخة منخفض صغير .
55. أمكب : مقدمة الوادي .
56. فدرة : منخفض صغير
57. فكوم : شجرة ذات اروراق كثيفة .

تعدال الصـالح ما أكَّليل | شـي فيه اعلى مـولاها
والصالح عـنّ ما تمـيل | شور الخاسر مگـساها [58]

حروف الغلظ المـا يكَظ

بادي بالبَ وشي اظريف | لقوي يعرفها والضـعيف
وامع ذا كامل ما گـصيف | أفشي صالح معنـاها
الباء گـع فلحرف كـيف | الشمس وضـــحاها

حروف الغلظ الما يگَظ

دال فلحـروف اعلـيه دال | الشكر الزين الى انـگَال
اسـباب فيه ولو احـتال | كل امغنـي غنـاها
اسباب الشـكر الل أقدال | ودال الشـكر أفـداها

حروف الغلظ الما يكَظ

ليف من المعنـى والصبر | ماهو محـتاج الى نـشكر
وخيرت الا لو تـنـذكر | من دونيـها لقصـاها
يگطع بـمظاها ما ادفـر | وخيرت فـگُطع مـظاها

حروف الغلظ الما يكظ

لام الفصـاحة وجـواب | عن شي صالح ماگـط غاب
شكر ينگَال أبلا اسـباب | واشگَال اسـباب راهَ
زهرة للشـكر فكل باب | نبعتها كيف أثـراها

حروف الغلظ الما يكظ

حد امغني لگَال هـج | الشكر الهـج يلين بـح
واسـگَي كررها وأي وأح | ماهو لـول يـبداها

ـمگساها : ما أصعبها[58]

165

واطــوال فهـج أرشـاها	سمع من هج الما إيصح
الها وللي خـــلاها	يسو گاع الل كـال حـــج

حروف الغلظ الما يگظ

فالياء للشكر أمشـــاملات	اليا لفــايد كامــلات
معروف الل غـــلاها	والياء فالشكر الى اغلات
كبرو فالصغر امـــعاها	بيها لفـــايد لـولات
كيــفتهم هـــي ياها	ومعنى عن زاد التـاليات

حروف الغلظ الما يگظ

احروف الغلظ أفكل گـــد	حاولت فلغن گاع عـــد
عنها فشـــكر يـراها	باش أفلغني لسال حـــد
الحي من ا گـــراها	وردت فشكر احروف عبد
التحت اللين أگســـاها	لاهي يعرف عن فم بـعد
بوه احمـــد لو خـلاها	أمخليها بوسيف جـــد

قدم الشاعر هذه المرثية في والده رحمة الله عليه وتغنى فيها بكل حرف من حروف اسمه بالترتيب موضحا اهمية هذه الحروف بالنسبة له وتغنى بمناقب ومأثر والده .

9 ـ قصيدة لا اتغيب حظار اشهود

لا تـغـيـب حـظـار أشـهـود	للدحـي أمـن الشـاهدين
عنو زال وسمعٌ موجـود	باقي مـزال السمـع الزين
يـاذَ من لغلَ بيه أمشـيـت	يالدحـي وماذا غلـيـت
سطـل وكًمـان 59 وتيولـيـت 60 62	واغـزنت 61 وتنـدكًمـارين
وإشـكران البـيظ 63 وحاشيـت 65	ازفـال 64 الى تـنـضلـيـن
ولَل من كًلب فتيـجـريت 66	كـامل غليتٌ وغـلَ بيـن
الدواس 67 وفصـلك 68 وغـلـيـت	عظم اخنيفـيـسات 69 الثنتين
لخنيك 70 ولحدب 71 وبثـنيـت 72	ولكًشاط 73 وعظـم السنـيـن 74

- اسطل وكًمان : جبل في وسط مورتانيا به بئر ماء ويوجد به قبر والد الشاعر عبد الحي احمد بوسيف. 59
- توليت : مرتفع صغير تحيطه الرمال. 60
- أغزنت : مرتفع صغير تحيط به الرمال. 61
- تندكًمارين : مرتفع صير في وسط رمال 62
- اشكران البيظ: مرتفعات في ارض منبسطة وملساء 63
- ازفال : موقع ممتد على طول البصر من الكثبان الرملية. 64
- تنظلين : مرتفع صغير في شمال مورتانيا. 65
- تجيريت : ارض منبسطة طويلة الامتداد. 66
- الدواس : جبل مشهور في شمال مورتانيا عنده مقبرة للمجاهدين صحراوين أثناء مقاومة الاستعمار الفرنسي. 67
- فصك : جبل كبير عنده قبر العلامة الشيخ سيداحمد الكنتي. 68
- الخنيفسات : مرتفعات على شكل هضاب. 69
- لخنيك : ممر ضيق على شكل واد. 70
- لحدب : موقع على شكل هضبة. 71
- تيشينيت : اسم لمستنقع مائي وبه شجرة تيشيت المعروفة بكثرة في هذه الارض. 72
- لكًشاظ : اسم للانسان قديم 73
- عظم السنين : ارض مشهورة في شمال مورتانيا. 74

167

وفوداش 75 وگوراغميميت 76 الدِّيـن78	ومطلان 77 ومگلـــوب
ومرَاسيط 79 وتــــشانيت 80	لحويــذة ويكَ وتيمـــزگين درمــان إرشّ
لجيت البو لوتاد وجـــيت ليــــگيـن	
والكلات الا ماهم فـغنيت ارويسيــن82	ايبـوكاكن 81 أم
والدوكج ووهام أغـــوينيت 83	كَلب أطمـاي 84 وكَلب الغين 85
من فم أمسـوحل86 لوليـت	فرض أمل ماهـو شــين
ولا ظنــيت اعلن زليت	الى گَلـت ادغد 87ادغـدين
ولاهنِ بـعد استـثـنيت	اجبـلان وكَلبـيـن اخرين
اشلاهي گــاع انعد اتلـيت	هـــذا عــدو ماهو هيــن
أمال انا بالعــــد ابديـت	نـحسب من لكسى تحت الـين
لــگليد والسهب اغشوگيت	ومن انواصفات 24 التوجنيـن 25
هــذا من لرض الل وليـت	الشـــكل الواضـح والتفنين
غلـيـتِ واعليَ غلـيت	يالدحي أماوضــع وحــدين

- افوداش : بئر صغير في جنوب الصحراء الغربية . 75
- اغميميت : مجموعة غابات صغيرة . 76
- امطلان : مرتفعات صغيرة بتيرس في الصحراء الغربية . 77
- مكلوب الدّيْنْ : جبل موجود في منطقة تيرس في الصحراء الغربية 78
- امراسيط : جبل كبير في منطقة تيرس بالصحراء لغربي 79
- تشاتيت : هضبة صغيرة بالصحراء الغربية . 80
- بيوگاكن : مرتفعات بمنطقة تيرس 81
- أم ارويبين : مرتفع له راسين صغيرين 82
- اغوينت : مرتفعات بمنطقة تيرس 83
- كلب اطماي : جبل مشهور على غرب من الحدود الصحراوية الموريتانية . 84
- گَلب الغين : جبل مشهور في ارض مورتانيا غريب من الحدود الصحراوية الموريتانية . 85
- أمسوحل : ذاهب في اتجاه الغرب . 86
- الدغد : مرتفع مبوسظ في منطقة تيرس يالغرب من أغوينيت . 87

لمدن والفـج 88 وتويـوليت 89	وحكم أيـنال 90 ولمبـيطحين 91
واحجلـي عـنِ ما سمـيت	لغـريدات 92ونعرف فمنـين
ولاه أني فالنـعـت التغشميت 93	كطع الخيل 94 أماجه للعيـــن
ويلبني 95اتـعـود السـكريـت	وأگاذٌ 96 يـسـگّرمسكـيــن
عني بـعد انا ما عـزيت	لنگد انـگـول أفلـگن زيـن
اعلى اسـطل وكًمان ابغيت	انـغـني لـين ولي فمنـين
ماني ناسي فيـهم خلـيت	السـر والعـگـود ولخـزيـن
وگـد الـگّلت الا مـا وديت	حق الشـكر وتـم الا دَينْ
أعلـيـان لما غنـيت	والي غـنيت أعلـيا دَيـن
ولاه انـي مستعمد خليت	حـرف من الشـكر أتجرّ عين
موزون فمطلـع تفلـويت	فگاف وطلـعـة موزونـين
اعلى بويا لما غـنـيت	ذاك يـعـود اعليـنا شيـن
والا كاني فشـكـر الهيـت	الشـكر اعليـه انـگـول زين

تعتبر هذه القصيد ة مرثية لمراحل الحياة والحل والترحال التي عاشها الشاعر مع والده كما انها دليل حي للمواقع واماكن الاقامة والتنقل .

10 ـ قصيدة كم من شهيد اسقط معلوم

---

88 ـ الفج : ارض مستوية وواسعة
ـ تويوليت : مرتفع متوسط في ارض رملية 89
ـ اينال : مدينة مورتانية متاخمة للحدود الصحراوية . 90
ـ لمبيطحين : رمال91
ـ لغريدات : منطقة رملية بها مدينة صغيرة شمال مورتانيا92
ـ تغشميت : أخطات93
ـ گطع الخيل : ارض مبسطة عالى شكل وادي . 94
95 ـ يلبني : بئر
ـ أگاد منطقة بهذا الاسم   96

169

كـم مـن شهـيد اسقط معلوم   سبـيل الحـق من اجل أهلو

ما خالك مـــثل حي اليـوم   كـيف اغـدا ماخالك مثـل

يلالي مغـل لسـتقلال   الل عـاد اغلَ من لبـطال

لسخـاو ابلرواح افمجال   لستـقلال امشاو امن أجل

ماهو مـن عزت يـنگال   أبعيد الشـــهـيد احتفل

عزت باش أيـــعيشٌ لجيال   عاگـــب لمرار فعيش احل

كريمين وبـهم تـــطوال

ركبـــت لستقلال ورجـل

اظهر الشاعر هنا قيمة الاستقلال بالنسبة للصحراويين وكم هو غال وعزيز عليهم حيث اعطو في سبيله اغلى مايملكون وهو انفسهم .

11 ـ قصيدة الشهداء :

فالشكر الشـــهداء باتـو   ظـل فشـكر اكبر منبـر

واشكرهم مولانا فاتـــو   سابك يشكرهم حد اوخـر

الشهادا هومَ مرجـان   مجـد الشعب وجوهر ليمان

وللحقيقة والحاك السـان   وفلفعال مـــن الناس اكبر

وزند العهد الل ما يلـيان   واسمـــعهم فلبر والبــحر

ونجوم وقمر الكـيان   وفلميـدان النجـوم وقـمر

ونور الحق الل فسـمٌ بان   وبيه الحق امن الظلم اظـــهر

تغنى الشاعر في هذه المرثية بفخر واعتزاز بشهداء الوطن واظهر قيمتهم كنبراس في طريق الحرية والاستقلال .

170

الفصل الرابع شعر الاطلال

1 ـ قصيدة الوكر الل يزه للعين

الوكر الل يــــزه للعــين	أفلخــــلاڭ يـــتم والذهـان
بولوتاد[97] ومڭلوب الديـــن	ڭـديت لڭلـات والدرمـان
حـد امسول عـن بو لوتـاد	والظلعة[98] والسبخة[99]والـواد
هذا من الارض أشكـيفو زاد	ذي النــوبة محل السـولان[100]
ڭالو متـلي ماهو ڭـــاد	بـيه وجود الغزاة أنـهان
يغير الهــــاين بولوتاد	يخـوتي هــاين درمـان[101]
وغيلاس[102] وڭدية لجـواد[103]	وزمول الطـيحة[104]واينـيان[105]

الوكر لل يزه للعــين

حد يسـول عـن بولرياح[106]	كانو من الحـويذة[107] يرتـاح
لمنادم[108] مشيو مـاه شاح	يعرف لرض ولاهـو عجلان
أيـڭـد أيـڭـيل بولرياح	بشور إيروح الدرمــان

---

97 ـبولوتاد : جبل في تيرس .
ـ الظلعة[98] : هضبة
99 ـالسبخة : ارض مالحة
ـ سولان : يسأل أو يبحث[100].
ـ درمان : جبل في تيرس[101].
ـ أغيلاس : بئر في تيرس[102]
ـ لجواد : جبال متقاربة في تيرس[103].
ـ ازمول الطيحة : مجموعة هضاب في تيرس[104]
ـ مجموعة هضاب في تيرس[105].
ـبولرياح : جبل[106].
ـلحويذة : جبل في تيرس[107].
ـ أمنادم : بمعنى انسان[108].

172

الوكـــر الل يـزة للعين

حاسـي مـــزال أتجيه الناس	وحد أمســول كان اغيــلاس
أغيــلاس الل نعــرف كان	وامـــسول يكانو لبــاس
أهل فيه ولا كط أشـــيان	دهر اقديم وفــــبلد ينــكّاس
يالطـــيف ودرس المرحان	ألا عـــاد الجدب ولشمـاس
ولاهو نـطش الركّاش [110] ايبان	ماهو منـــزول ولثر ادراس [109]
الدنيــا محل النقصــان	هذا هـو مـارة يــناس
مجدوب ولا عـــندو فركّان	اللِ عاد اليـوم اغيـــلاس

الوكر للِ بزةَ للعيــــــن

بعد من أفريكً امعـدل زين	ماذَ كان فمكّلــوب الديـــن
ولا يفـطن لفريكً الفطــان	ماهوفيه اتلَ شـــوف العين
لفريكَ نـــعرف فيها كان	كيف المكان افتـمزكين [111]

الوكر للِ بزةَ للعيــــن

اتلا كّاع ولادرس أمـــراح	ولا ينشاف أفريكً أبـدراح [112]
شور أفريكً ولا نار اتبــان	لفريكً ولا حـــية رياح
وبولرياح من الفـكّد النــهان	لفريكً افحومـــت بولرياح
ودرس بل أمراح أهل أفـلان	مافيه أهل أفلان أبـــدراح

الوكر للِ يزهَ للعيـــــن

أمن اهلو ودرس بــلد اديـار	ولافيه اتلا رداد اخبـــار
بن الدنيا ما فيها مـــــان	بعد اهلو مارة يـــلقهار

---

[109] . مضى عليه وقتا طويلا .
[110] . الركّاش : المارون بالمكان .
[111] . تيمزكين : جبل متوسط الارتفاع في تيرس .
[112] . ابدراح : اصبح غير ممكن .

ودرمان اخلا من لخـــظار   من لعمـــــار اخلاو انـيان

وذاك أيعود اعلى الدنيا عار   لل ِ ذا لوكر اليوم اشـــــيان

2 ـ قصيدة جبال تبكي اعلى أهلها

بيهم لعرب لغلاظ [114] امشاو	گـــلابت [113] تيرس يتباكاو
من لعرب لـگـلاب إمـــلوه	عنهم مافيهم حد اتـــــلاو
خالك شي لـگـلاب يـگـولوه	عاگب لعرب لـگـلاب أبگاو
واللي خاطي لعرب يـــعطوه	لـگـلاب بلعرب ما يـــسخاو

في هذه القصيدة يتغنى الشاعر بمرتفعات تيرس الشاهقة ويقول بأنها تبكي على السكان الذين عاشو فيها لعقود طوال .

---

113. ـ مجموعة مرتفعات شاهقة في تيرس بالصحراء الغربية .
114 ـ لعرب لغلاظ : ويقصد الشاعر الكرام الفضلاء .

3 ـ قصيدة حاسي بولرياح

بيه البكي اخــلاعنــا راح	عاد الا يـبكي بولريــــاح
مــــن متن البكي ولمبـكيه	حسٌ فيه اتݣنـݣيل وبــــاح
لحــباب ليعرف ماهم فيه	اهلٌ ماهم فـــيه ابدَ راح
بــولرياح وذا يرض بـيه	واشبهلٌ يسكت لا يــبحاح
والــــبو لرياح الاتنـبيه	لحباب ليعرف كـان أمشالو
ويـݣوم بكيو لا يبكـــــيه	ماهم لاهي يوراو اتـــــلاو

اعطى الشاعر في هذه القصيدة صفة البكاء للحاسي بولرياح حيث اظهر بأن صوته اصبح مبحوحا نتيجة عدم تواجد السكان الذين كانوا يتوافدون عليه لمدة طويلة .

4 ـ قصيدة كَلب أيكَ

كَلب أيكَ [115] عليه أمنـادم تاكَ [116]	الين ابعينو شـــــاف ازراكَ
كَلب أيكَ اليـكَلـع عن لخلاكَ	لفلخـــلاكَ امجلج [117] مكـتوم
لخـــلاكَ اقتنعت عن لفـراكَ	يعــــكَلي فدنيا محتوم
باش ابطات الدنيا تركَــــاكَ	لكان للاه كَـلب يـــــدوم
الكَلب الذائق مـــــن تطراكَ	لكَـلاب فتيرس عنـد ايدوم
فيهم شـــيخ وللشـيخ اتفاكَ	معلـــوم وبيـكَ الامـــعلوم
والا لاهي معلوم أيـــــتم	وانو مـعلوم اعليه اعلـــوم
لعرب لغلاظ العـــندو فـم	وفم الشـيخ القطب اسلـــوم

تطرق الشاعر في هذه القصيدة الى جبل " أيكَ " في تيرس بالصحراء الغربية ومظاهر الحياة البشرية المحيطة به والتي من بينها ضريح العلامة الشيخ محمد المامي .

4 ـ قصيدة كَلب مادس

النقصـــان البعد التـــمام	اللي مادس [118] مافيـه اخيام
رحالة والا فيه امـــكَام	ماهي فيه افمـن كَاع أيـطير
ما تنشاف اخيام فلـــوهام [119]	وشوف العـين امن رد اخبر
يمادس كَـــلل فتـخمام	واصبـر لله المـــــقادير
واحذر لا تبكي لا تـــلتام	شـين البكي اعلى حد اكبـير

- كَـــلب أيـكَ : جبل كبير في تيرس بالصحراء الغربية به ضريح العلامة محمد المامي . [115]
- تاكَ : بمعنى ظهر . [116]
- أمجلج غير مريح . [117]
- مادس : جبل في تيرس [118]
- فلوهام : في الاماكن الغربية . [119]

اعرف عــنك مانك مــنزول   ولا مــنزول املي لـــگــوير

ونت ما عندك مــاه اتـــگــول   ذاك اخلـــڭ يجعل فيه الخــير

في هذه القصيدة " الطلعة " يتغنى الشاعر على جبل مادس كونه جبل بقى وحيدا فاقدا لسكانه .

5 ـ قصيدة لعدتّو كيفي بيكم راح

لعدتّـــو كيفي بيـــكم راح   مــــن مطلع ذا العام التفـــگاد

فــگد اغيـلاس وبـولرياح   عندي عــنو ذاك أوجـع باد

لوكان اللي بعد الـتوحاش   يخـوتي يـنفع فتنشواش

الحـــگ فيه البال أوشواش[120]   وازهـــد فتوحاش الفؤاد

ماهي عيب البال الى طاش   وتـــجاوز فطيش المعتاد

بيه اللي هذا مــن تهماش   البـــال وتهمـــماش الفؤاد

من لوطان يسبب لو باش   ينـــگال أعلنو مول عناد

وهو كاع فطبعو تيـماش[121]   مستخلط[122] وللخــلط لواد

والعاكّد گيـــل ففوداش[123]   ماهي مــوحال[124] وبولوتاد

ماشين اعليهم حد انتاش[125]   غــير اخلـــعن ماهو گاد

لعدتوّ كيفي بيـــكم راح

الا كـيفتنشي عــدت انبان   طــاريلي قدر من النسيان

ـ اوشواش : طبقة من الارض قريبة من الماء سهلة الاقتلاع . [120]

ـ تيماش : مشتاق الى الشئ . [121]

ـ مستخلط : لها معاني عدة ويقصد هنا الانسان المطلع [122]

ـ ففوداش : حاسي في جنوب الصحراء الغربية . [123]

[124] محال : مستحيل .

ـ انتاش : بمعنى غف [125]

178

النسـيان وفيـا ينـزاد	واباش ابطيت الا يـمتان
بالنـاس ولا كَلـت تـحداد	ماهو من يان ضعف إيمان
لمـر الا لو وعلـيا راد	غير الا باطل يا السـبحان
بالشكل اللي ماهـو معتاد	اليوم انتيمش مـن لوطان
تـنيولك 128وانتيمش لجواد	انتيمش تشلة 126 ونزران 127
فاتـو نزلو لجـواد اجواد	ومنـازل فلباطن فركَـان
مطـيح من لكرب شلخ الواد	وازمول الطيـحة وإينـيان
عنـو حد أمتيمش لجواد	عاكَب ذا كامل ماني ظـان
مفروظ اعليه أيـتيمش زاد	وازمول الطيـحة واينيان
وزراكَ فمـنحر 129 بولوتـاد	اكحال امحوشي درمـان
	ابعدتُ كيفي بيـكم راح

هذه القصيدة تذكرة كذلك الربوع التي عاش فيها الشاعر لمدة طويلة ويشدة
الحنين الى تذكر تلك المناطق بكل التفاصيل .

6 - كون الدنيا مافيها مان

يعكَبلي تفنى بستحريف	كـون الدنيا مافيـها مـان
واليـبقي يفنى يالطيف	الدنـيا تفنـى ولينسان
كَلـت اعلنـك نوبة كَطيت	اعلم عنك يالعقل اخطيـت
شافتـلك عيني حد ازديـف	ذيك الساعة ففريك اوطيت130

---

126 ـ تشلة : منطقة صحراوية جبلية .
127 ـ انزران : بئر
128 ـ تنيولك : اسم حبل في منطقة تيرس بالصحراء الغربية
129 ـ منحر : مقدمة الشئ .
130 ـ وطيت : مشيت على الارض والوطأ هو وضع القدم على الشيى.

179

تبغي تلگّاه ولا گَّديت	البايد بيـك الوقت اگصيف
فخـلاك ترجع ماوليت	اللفريگّ النـازل فزديف

كون الدنيا مافيها مان

هذا يلعگّل مـن التخمام	والتجلال[131] وكثرة لعظام
للي طاريك ذو لـيـام	يعگّلي من مـتن اتخاليف
الليعة والحـزم ولسقام	عادو يالعگّل اجوك ارديف[132]
من فم اعلى أمبكر التخمام	وايگّولو لك عن كان أزديف
فاقمـيميت[133] وكانو لخيام	كيف اللي تجهل يالطيف
النـگصان البعد التمام	عاد الرگّاش فبلد ازديف
ادخن عاد اعلى دار اخيام	فالعارظ لـول من لخريف

كون الدنيا مافيها مـان

هـذا يالعكل من التفگاد	بأقامـيميت الطاريلك عاد
عاد فـيك اللخـلـط لواد	والا تخمامك عاد أكصيف
للي يلعگّل أمتيمش واد	أقمـيميت اللي فيه أزديف
وكتن واد اقمـيميت ابعاد	أثرك ياعگّلي باطل كيف
الجرجير[134] اللي گّالو عاد	فأشـتاه يبوه دار الصيف

كون الدنيا مافيها مان

من مارت يالعگّل التجلاج	عـاد اقميمت الا يتفاج
مافيه من الناس ارگّـاج	هـذا يعگّلي من تصـريف
مالك لمـلـوك ولاتحتاج	بأنـك گّاع اعلى ذاك الظيف

ـ التجلالج : وصف لعدم الراحة اثناء السفر خصوصا عند ما يكون المسافر على ظهر دابة[131]
اوسيارة ويستخدم كذلك في عدة معاني .

ـ الزديف : بقعة من الارض خصراء بفعل الامطار .[132]

ـ فاقميميت : بمنطقة بها اودية كثيرة في الصحراء الغربية .[133]

اجرجير : عشب يذهب مع الرياح بسرعة .[134]

لطيف ابخلقك وركـــــاج   وبأقمــيمت امـــلي
لطيف

كون الدنيا مافيها مان

يا عـگّلي من باب التحـجال   لا تحگـر يلعـگّل من تـسال
أتشوتيك [135] ورجلك تطوال   اباش اتـــبرد حر الزديف
التجلاج ومكر التـحـجال   اللي عـــاد أجيك بلعنيف
ذاك التعرف فتـرابك زال   يالعـــگّل وزالو المعاريف
اصبرها عنك لا تـثـقال   الغـــفران الا ماهو سيف
لقمـــيميت وبلد مزال   ابـــلا ناس ولافيه ازديف
كون الدنيا مافيها مان

ظنـــي بليـقين الاراش   أقمميت وحـــم افـوداش
وگرب باز وظـاية لعراش [136]   گـــلب الصليان [137] واد اليف [138]
هذا وكر اخلا من رگـــاش   كـــان أربيع وظاية وخريف
عاد اراش [139] افبل الرگّاش   واخريف اعـــاد فبلد الصيف
بكي العـــگّل اعليه أتلا لاش   الاحـــدنوا تـــكاليف
گـــالو گـــال افلان اكــذاش   ولد افـــلان انو لاگـي ضيف
شاف ابرگّ يخبط فرشراش [140]   صـــلوان يگّشع ماه اخفيف
من مادس يـــگّشع لفوداش   وأعلى گـــد اقـميميت اطريف
القــــدر اللي بيه التشواش   يكثر وإزيد الـــبال أزديف
كون الدنيا مافيها مان

---

135. اتشوتيك : البحث عن الشي في اماكن عدة .
136. ظاية لعراش : موقع به بركة مياه .
137. كلب الصليان : جبل .
138. واد اليف : وادي في الصحراء الغربيسة .
139. الراش : السراب .
140. امطار ليست قاتية .

6 ـ قصيدة يا لالي گاع ألا وتوف

انا عـــــــن بوگـطاية	يلالي گـــــاع الا وتوف
ما يسمع حـــــد اخطـايا	من بوگــــطاية لاخطيت
لسـقام اعلي دوف[141] دوف	معودني عـــدت الا أبطيت
بـيهم لحزيم اظمـاية[142]	هوم والعـگّل الا اوگـوف
عـيني من گلب احذايا	وانا ظامي واللي اتـشوف
بـوسرز[143] او بوگـطاية[144]	يتـخيلي بنـــو الشوف

يلالي گـــــاع الا وتوف

والتـجلاج اعلى كل نـوع	بكـــيك ياعـيني بدموع
بـيك الليـعة خـلاية	اللي طاريـلك ذا اسبوع
ياعيـــني ذيك امـعاية	متـعلق بالك بالرجوع
واكلـــيبات العـــگاية	هـــوك اللحـويذ واظلوع

يلالي گـــاع الا وتوف

7 ـ جمال الوطن

نبــغي ذاك الجمال اگـبال	جمال الوطن المحـبوب
ومـــن الجنوب الشـمال	من الشـــمال الى الجنوب

---

141 ـ دوف : دفعات
142 ـ اظماية : عطشانة .
143 ـ بوسرز : جبل في تيرس.
144 ـ بوگـاية : جبل في تيرس .

183

الفصل الخامس ابيات شعرية ، أكَّـــواليل في اغراض متعددة

1 ـ انا باللهُ بشرع [145] من هذي منت القاظي   مانمشي ماني منفكَّع ولا نرجع ماني راظي

للشاعر المرحوم مولاي ولد باب ولد اعلي .

منـــــت الجيلاني يامس	مـــريم غلاة ابلا اغــــلاط [146]
لحـــويذة ويـكَّ ومادس.	ظاية لبـكَّر [147] وانتاجـــاط

للشاعر الشيخ الولي ولد الشيخ ماء العينين.

مـــن شئ مقدس	3 ـ حـــب الوطن ابـــلا حدود محــترم
فالمـــشاش [148] الداخـــل	بين الدم ولعظم موجـــــود لعظم
مفروظ اعلى الشعب	4 ـ لستقلال السر المكَّـــيوس ايجـــيبو
ويسـوى فيه الروس	يسو يكـــحال فيـــه الروس يـــشيبو
كـل ابلد بين اسما	5 ـ جيش ابليمان أيكَّد إحـــد وبـــحر

---

145. بشرع : يقصد هنا الشريعى=ة المحمدية .
146. ابلا غلاط : بلا خلاف
147 ـ ضاية لبكر : مستنقع من الماء يعرف بهذا الاسم .
148. المشاش : العظم من الداخل .

وفيه المد من الجزر | اكثر فيه من الجزر المـــــد اكـــثر

سمـع زين وينفع ويظر | 6 - جيش التحرير اوضـح تعبـير
وقـــت الشر من الشر | وقت الخير من الخـــير اخيـر اشـر

سمعك وشـــمخ مكانك | 7 - سبـــــعين اگلعـتي بـذراع
عيــنك هي مـــيزانك | ذيك الساعة واليــوم گـاع

لعـــدو واظهر خــراب | 8 - لبـــطال السبع نكبو
للمجــــد اگبال أخـــراب | والفـــعل اعرابو ركب 149

نـگر افلـبديع ابديع | 8 - عـــزم أمنتـو ما إيلين
صـعب مـن العين اگليغٌ | عادت للعدو أوار 150 عـين

والجـــوع من اجل استقلال | 9 - كم الشعب اصبر من لعطش
وافلـگصص 152 الفشش مزال | ركب فات من اجل لفـشش 151

فالثـــقافة گـد الـگايل | 10 - لعليه ابقيت انوصـيكم
اخـراب وفـشة واجدايل | ديروها بين انواصيكم
153

بيــن نواصـيكم حصائل | ترفع فنصر اگصاصيكم
يـــحرم لحلال لحرام يحل | 11 - نطرح ســؤال يالعالم هل
عشـــرين ماي وشرط الـكل | 12 - شــــرط الكل يتم ابديه
وانحيه اعلى فـــرد ارجل | الى عدت امـگام انـحيه
مـــاه اعلى باب يـادول | 14 - ذً والدول ذا الحل الجاب

---

149 - ركب : بنى الشئ .
- اوار : مرض يصيب العين . 150
- لفشش : نوع من الحلي تضعه المرأة على رأسها وهعروف لى النساء الصحراويات . 151
- لگصص : نوع من الزينة معرفة لدى الفتيات وتكون في مقدمة الراس 152
- اجدايل : نوع من الظفائر تعرق=ف به النساء 153

185

ولاه اعلى بابــــو ذاك الحل	ذاك الحل اذريك أبــلابّو
يحيي به الجـــــيش ويكتل	15 ـ فيد الجيش القرار القـــــار
ما يــــــنساه انهار المحتل	المحتـــــل ويسـكّيه امرار
بـعزم وقـوة وتـصنديد	16 ـ لنـــــتفاضة عـــبر الحدود
يــكّطع لـحديد الا لحديد	يفرض لوجـــــود لا لوجود
وعطاني باش انـتم انگّول	17 ـ لمـــرّ ولرادة للخـــلاق
ايجيب الخـــلاق الحلول	گّـد امنين اعلـيا تضياق
بـــت بـــت وتعرف لـشوار	18 ـ يالگّـــــائل عـنك فنان
خوض فيه اعلى مـتن اعبار	جيب شور يونس لوطـان
افراد ذا الشـــــعب وجمع	19 ـ ذا الشـــــعب من مارة زينّ
وتـعيش وذنو من سـمع	اتـعيش من فعل عـين
لعدو من سـنين	18 ـ ماگّـط فعشرين طمـــعو
لگّــس تحت اللين	بيه اللي عـشرين طبعو

خاتمة

لقد تم انجاز هذا العمل في مراحل متعاقبة من خلال جلسات طويلة مع شاعر له تجربة رائدة في الحياة فالشاعر ببنة عبد الحي احمد بوسيف لم يعش حياة طبعية كغيره من الصحراوين ولم يتذوق ملذات الشباب في عنفوان العمر ففي مطلع شبابة عاش الشاعر الى جانب والده في الحل والترحال بحثا عن لقمة العيش الكريم ، وفي سنة 1975 م عايش الشاعر مأساة الوطن والانسان الصحراوي وسرها في نفسه كذكرى خالدة فمن خلال هذه الصورة المملؤة

186

بالعذاب والتقتيل والقهر التي مارسها النظام المغربي ونظام المختار والددادة في موريتانيا والتي لم تكن برغبة من شعبي البلدين الشقيقين .

تعتبر تجربة الشاعر الرائدة الممتزجة بالخيار الوطني هي ارقى تعبير وهي الأداة الكامة للبحث في اعماق ادبه ونبرات قصائده ويلاحظ القارئ الكريم بان كلمة الشعب لاتخلو منها جل قصائد الشاعر ويعود ذلك الى الحس الوطني المرهف ، غير قابل للترد فشاعر قبل ان يكون شاعرا هو من بين مقاتلي جيش التحرير الشعبي الصحراوي الاوائل الذين امتشقوا السلاح لمواجهة المحتل الغازي وشارك في معارك عدة في دفاع مستميت عن حرمة شعب الصحراء الغربية ومقدساته الدينية والسياسية والاجتماعية والثقافية .

يلاحظ القارئ الكريم بأن كل معاني الغزل ارتبطت ارتباطا وثيقا بلأرض والانسان والكرامة وقليلة هي قصيدة تخلو من المعاني الغزلية فقلب الشاعر المرهف كان يجول في هضاب الوطن وسهوله بصوت جذاب لينقل ارقى معاني التعبير الانساني ، وهذا المقام يليق بشاعر اكتوت يداه ولفحت جبينه نيران المعارك على جبهات القتال والتي بقت اثارها ظاهرة على فكيه .

واذا كان الشاعر السوري سليمان العيسي يقول في الثورة الجزائرية العظيمة :

ماذا عساني اقول وشاعر الرصاص ونار لم تلفح جـبـيـني هناك وثار دائر ، فأن الشاعر بننه ولد احمد ولد بوسيف من ابناء الثورة الصحراوية الذين تواجدو في عمق الاحداث بطلقاتهم وكلماتهم .

187

يهدف هذا العمل الى إظهار التاريخ الثقافي والاجتماعي لتطلع عليه الاجيال الصحراوية والتعريف كذلك بثقافة المجتمع الصحراوي ليطلع عليه الاخرون ويعتبر ثمرة تعاون مشترك بين وزارة الثقافة في حكومة الجمهورية العربية الصحراوية الديمقراطية وجامعة مدريد المستقلة وانتمنى ان نكون قمنا من خلاله بالتعريف بشعب الصحراء الغربية ومقوماته الثقافية والاجتماعية .

الاستاذ محمد علي لمن

Bunana Uld Abdelhay Uld Ahmed Uld Bu

بونن ولد عبد الحي ولد احمد ولد بوسيف

MIRADA
A
TIRIS

عين علي تريس

الشعر الصحراوي المعاصر

última